A Coleção

O que nos salva raramente é o que esperamos.

Algum Tipo de Caos: Poemas 2017–2026 vive entre os sonhos fantásticos do desejo. Estes poemas exploram os momentos em que a escuridão colide com a dúvida, quando a ambição se torna exílio, quando o reconhecimento parece ao mesmo tempo necessário e tóxico. Fala àqueles inquietos com a vida comum, a quem já sentiu um grande amor, fracassou demais, ou ardeu com força demais para ser contido.

Esta coleção é um estudo sobre o que significa estar vivo, desordenado, frágil, furioso e livre.

Atravesse as linhas do perigo
e veja até onde consegue ir
antes de se tornar bonzinho e entediante.

ALGUM TIPO DE CAOS

POEMAS: 2017-2026

JOSEPH ADAM LEE

Red Fox Runs Press
New York, New York

RED FOX RUNS PRESS
909 3RD AVENUE
#127
New York, New York 10150

Uma marca de The Rebel Within

Primeira edição: 2026

Nota do Editor

Esta é uma obra de ficção. Nomes, personagens, lugares e acontecimentos são produto da imaginação do autor ou usados de forma fictícia. Qualquer semelhança com pessoas reais, vivas ou mortas, empresas, eventos ou locais é inteiramente coincidência.

A editora não exerce controle nem assume qualquer responsabilidade pela autoria de sites de terceiros ou pelo conteúdo neles publicado.

Agradecimentos

Capa e Design de Layout: Eleni Rouketa
Tradutor: Eduardo Martins

Informações de Contato

E-mail: joe@therebelwithin.com
Websites: www.josephadamlee.com
Instagram: @joseph.adam.lee

Dados de Catalogação na Publicação da Biblioteca do Congresso

Lee, Joseph Adam. 1986-
Algum Tipo de Caos: Poemas 2017–2026 / Joseph Adam Lee.

LCCN: 2026902517

ISBN: 978-1-971187-06-8 (Brochura)
ISBN: 978-1-971187-08-2 (Capa dura)
ISBN: 978-1-971187-07-5 (E-book)
ISBN: 978-1-971187-09-9 (Audiolivro)

para *Nick Hurwitz*

Índice

Algum Tipo de Caos

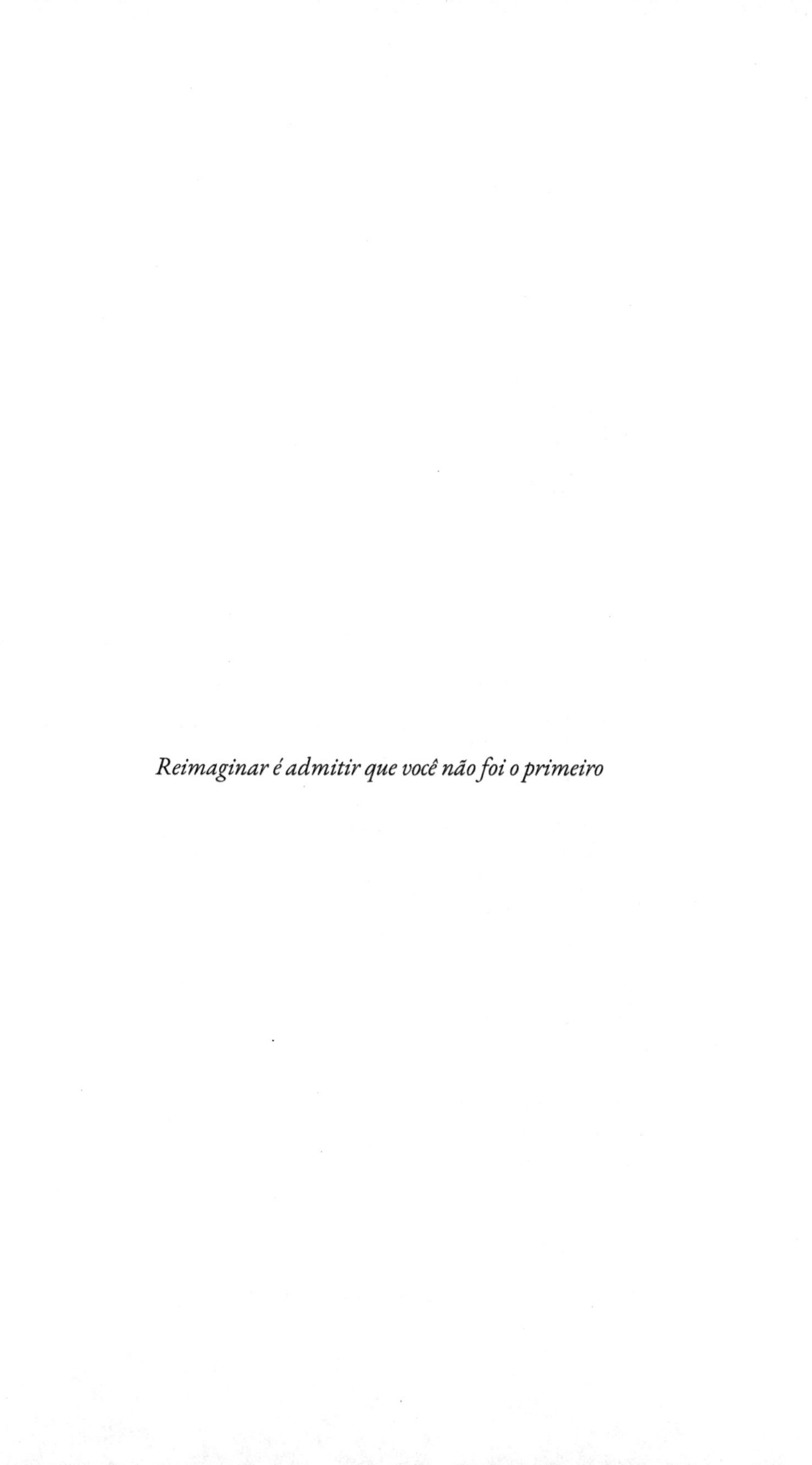

Reimaginar é admitir que você não foi o primeiro

A Desculpa da Renda Preta

Mulheres não
se dão permissão,
a menos que lhes demos liberdade.
Seu álibi é o conforto,
é o que buscam.
Uma força intensa
que lhes dá o privilégio,
sob o halo da privacidade.

É o disfarce delas,
uma cortina de renda preta,
apenas luz o bastante
para entrar e sair.

Os jeitos educados,
corretos e previsíveis,
são os assassinos do desejo feminino.
Elas não procuram o que se espera,
procuram o que possa
surpreender, desvendar ou fazê-las suspirar.

Elas se esforçam muito para esconder isso.
É o segredo de seus sentidos.
Há luxúria em suas mentes
e lógica em seus corações.
Elas não ligam para o que você pensa,
contanto que você não as pegue.

Mulheres morrem de fome
quando as coisas ficam monótonas,
esperando o corte,
um fio de pele prestes a sangrar.
Querem calor, por Deus,
não um estímulo gelado.
Dê-lhes liberdade.
Deixe que se libertem.
Veja-as se libertarem.

E não diga uma porra de palavra enquanto o fazem.

O Homem dos Doces

Hipóteses expõem os idiotas,
sua incapacidade de entender as regras.

Em vez disso, torcem as regras a seu favor,
um registro de delírio,
uma faísca de medo moralista,
e até eles sabem
que está tudo errado.

Ele inventam autoridade
para tapar os buracos,
ridículos e específicos,
agressivos na recusa,
cegos a ideias, pessoas ou qualidade,
a menos que tudo reflita suas condições.

A estupidez os torna pequenos,
e eles gostam disso.
Eles vivem por uma lógica insana,
sem pernas, sem raízes, sem compreensão.
Uma zombaria inventada
para passar o tempo.

E acreditam nela,
especialmente quando a glória é distribuída.
Eles a agarram
como chocolate no Halloween,
com os rostos sujos
na lama do triunfo.

Idiotas veem sua indiferença
como um saco de papel pardo,
amassado por declarações soltas,
rasgado pela traição,
marcando-se como tolos.

Eles nunca olham para o homem
que distribui os doces.
Por que fingiriam?
É justamente ele
que eles mais desprezam.

Estradas Escuras

As pistas estavam escancaradas.
A casa dos barcos fechada.
O lago mais escuro que óleo.

Pontos de luz me encaravam lá do alto,
na esperança de que eu dissesse algo,
fizesse algo.

Corri por eles.
Mal os notei.

A cidade era assim no inverno:
mudanças climáticas ao acaso,
neve amanhã,
mas esta noite quente como a primavera.

Eu estava sozinho com o parque.
Sozinho com muitas coisas naquela estação.
Nunca tinha tempo de escapar,
mas eu estava longe.

A estrada se curvava com meus passos.
O chão morto respirava por luz.
Corri sobre ele,
cortando o espaço onde o carrinho de pretzel
ficaria em abril.

Ainda era fevereiro.

O escudo do céu não importava.
Estrelas não brilham na cidade de Nova York.

Os caminhantes.
Os ciclistas.
Os que resistiam
brilhavam nas avenidas.

Eu não brilhava,
mas brilharia em breve.
Então continuei no asfalto
até estar pronto
para falar com as luzes.

Uma alma criativa não custa nada.
Até chegar a hora de prová-la.

A Conservação do Tempo Perdido

As pessoas adoram a elegância das métricas,
especialmente quando se trata de medir quanto tempo algo demorou.

Mesmo quando o tempo deveria ser guardado,
nós o desperdiçamos.
Um apelo por sentido,
vendendo-nos barato.

"Levou três horas para eu fazer isso."
"Levei dez anos para escrever meu livro."
"Namoramos seis meses."
"Trabalhamos aqui trinta anos."

Mas quando acaba, acabou.
Tempo, tempo, tempo outra vez,
mais rápido do que levou para chegar lá.

Desperdiçado para quê?
Nunca saberemos.

Mas porra,
levou um booooom teeeeemmmmpo.

A indignação inspira a criação,
mas é o artista quem entrega sua beleza.

"Estamos Prontos"

As pessoas não acompanham.
Elas desistem
mais rápido que um peixe
tentando nadar contra a corrente.

Independentemente das declarações,
o americano desiste depressa,
afogando a dignidade em nome do desespero.

Antes, resistência era motivo de orgulho.
Agora virou espetáculo,
uma plateia cáustica em espanto.

"Precisa haver equilíbrio?"
"Como ousa nos fazer parecer ruins?"
"Você nem nos inclui!"
"Nos deem uma chance, uma vez, um lugar."

O que é instável nos fortalece.
Até o músculo precisa rasgar antes de crescer,
e nós também.

Precisamos ser rasgados, batidos, humilhados.
A zombaria é o alimento invisível.
Nenhum nutriente além da promessa
pode sustentar nosso impulso.

Mesmo assim comemos, em excesso.
Criamos a imagem que queremos mostrar:
fortes, bem-guiados.
A prova não importa.

E quando tudo nos escapa por entre os dedos,
quando o divórcio é final,
a criança nasce,
o prédio nunca é construído
mas o esforço continua,
voltamos à fé como o próximo rito de passagem,
nosso marcador proverbial do bem.

Dizemos que Deus é nosso juízo moral.
Mas Deus não é nossa família, nosso vício, nem nossa virtude.
Deus é o governo.
Deus é a corporação.
Deus é a vadia que fodemos.
Deus é o livro dos pecados
e a redenção que usamos para esquecer arrependimentos.

Deus é a fantasia da salvação.

Nesta crença,
neste improviso celestial daquilo que fazemos dele,
ser do espírito, mesmo com uma mente inquisitiva,
louvar uma figura abstrata
é tão lógico quanto
louvar um lápis.

Ainda assim, quando pedem que escrevermos nosso pecado,
não expressamos história alguma.
Como? Como viver sem cicatrizes?
Que beleza nasce dos cortes na nossa pele?

Não foi até Jesus quem disse isso?
Até a intenção de um mito se perde
na circulação da devoção.

E vemos isso geração após geração.
O rebanho berra adiante,
uma tempestade crescente de alívio,
escondendo o momento em que recebe uma chance.

Que santidade viver com medo da própria vida,
a oportunidade de uma existência inteira,
toda voltada para preparar o fim.

Mas o fim não chegou.
O fim não está próximo.
O fim é um pensamento distante,
uma reinvenção revirada
do zelo elétrico
que percorre as veias dos vivos.

Não alguma conspiração do tamanho do Pé Grande.

Somos mais que essa obsessão por segurança.
Somos perigosos.
Somos ousados.
Somos inquietos,
não pelo Céu, mas pela terra,
o chão debaixo de nós,
a coragem de sair porra afora
e sentir o sol na pele
como se fosse a última pedra
no maior lago que você já viu.

E sentamos como uma tartaruga esperando esse sol
nos assar, nos queimar,
nos fazer lembrar:
a vida não é purgatório.

Ela existe para nos sacudir, enlouquecer, rasgar
em medo, esperança, euforia.

Então... estamos prontos?
Espero que não.
Foda-se essa vida segura.

Um falso senso de reputação
se tornou a nossa ruína.

Óculos Escuros na Chuva

Os operários sentavam no degrau
em frente ao carrinho de comida do Jerry.

Gotas dos diamantes da natureza
se esmagavam em pequenas poças
aos pés deles.

Eu passei usando óculos escuros.
Nenhuma necessidade de atrair contato visual
se você puder evitar.

Um deles,
devia ter quase dois metros.
Ao olhar para o lado esquerdo da camisa dele,
passei a chamá-lo de Newport.

Não era o nome dele,
mas a aba do bolso estava sempre aberta,
e um maço de Newports
pressionava o tecido contra o peito.

Fico pensando se ele já pensou no meu nome.
Meu crachá dizia Joseph Lee.
Ele provavelmente nunca olhou.
Fico pensando se ele ao menos se importava.

Fé de Ressaca

Há tristeza em beber em bares.
Ela vem do cansaço.
Vem de se sentir comum.
Vem porque é a única coisa que resta fazer.

Odiamos saber quanto podemos oferecer,
o quanto queremos contribuir.
Mas essa perspectiva escorrega
para a ruína de algum fardo.

Então a miséria fica.
O topo da garrafa vira seu fundo.
Engolimos para esquecer.
Engolimos para lembrar.

Amanhã a ressaca vai nos distrair,
e depois só neblina.
Uma mente clara está cheia de pensamentos perigosos,
quem quer ruminar decepções?

De volta ao bar, nosso abrigo,
um respiro contra as falsas virtudes prometidas a quem trabalha duro.
Nenhum Americano sabe se realmente conseguiu vencer.
Mas uma pequena parte de nós acredita que sim.

E se eu conseguir,
nunca mais colocarei os pés neste bar.

Caçando Heroína

O cérebro é uma rodovia sináptica,
construída para resolver problemas,
com circuitos queimando mais rápido
que a primeira dose de heroína.

Registramos.
Ruminamos.
Vemos direto através da solução.
Hesitamos.
Recitamos com dúvida.

"Eu não descobri ainda."
"Eu não descobri ainda."
"Eu não descobri ainda."

Descobrir o quê?
Já está resolvido.

Não há nada para descobrir,
apenas aquilo que você se recusa a encarar:
seus defeitos,
suas tarefas,
seu ego.

Você sabe.
Você mantém distância
do córtex central da possibilidade,
do ser
que você realmente deseja ser.

O medo não está no obstáculo.
Vive no eu.
É o tropeço
que você provoca de propósito,
em segredo,
acorrentado à pessoa
que continua sendo,
a pessoa que você recusa,
e jamais será.

Estamos sempre de pé
cara a cara com nossa própria insignificância.
Arranhando a superfície
de alguma reputação inventada
que fingimos ter compreendido,
mesmo quando a odiamos.

Ainda preso tentando descobrir?
Você não precisa descobrir porra nenhuma.

Apenas faça o trabalho.
Faça com vingança.
Faça com loucura.
Faça porque, se não fizer,
vai acabar caçando hipocrisia.

SEJA O CARA.
Seja.
Porque são esses
os que param de remoer
a fabricação da obsessão de entender.

A sequência do nada.
Nada feito.
Nada avançado.
Nada além do nada da possibilidade.

Retrocedendo no potencial,
ficando chapado,
em vez de puxar a agulha.

E isso vira a obsessão,
a investigação de Blue's Clues.
Roendo a resposta,
encarando a pergunta.

Como uma droga que você não larga,
abandonada por um tempo,
voltando quando o efeito passa,
a seringa da sanidade furando de novo.

Que se dane, se aplique outra vez.
Descubra.

Há uma linha tênue entre
"velho demais" e "jovem demais."
Equilibre-se nessa linha sempre que isso te favorecer.

Coquetéis de Asfalto

Nova York não é para os estáveis.
Crua e suja.
Tumultuosa, irracional.
Malandros e tradicionalistas
girando juntos
na borda de uma taça de coquetel.

A maré muda a cada segundo.
Os picos mais altos.
Os vales mais baixos.
Consciência embriagada
lavada pela obsessão.

Já estive morto.
Já estive vivo.
Já fiquei no topo de prédios
apenas para cair de rosto
no cascalho.

As ruas zumbem
enquanto o diabo sussurra dúvida.
Ainda assim, há resistência,
a crença de que pode,
vai,
tem de dar certo.

Sempre a cidade dos indivíduos.
Brilhantes como lanternas,
irradiamos.

Quanto mais você fica,
mais você queima.

Algo Bonito

Não tenho certeza se algum dia vou conseguir.
Quem sabe se algo que criamos
vai chamar a atenção de um público.

É aí que entram
o pensamento,
a dúvida,
o afastamento.

O desejo de deixar uma marca,
o esforço exagerado para ser significativo.
Será que importa?
Alguém vai refletir
sobre algo que você criou
daqui a cem anos?

Parece que tantos tentam.
Nós nos esforçamos tanto para criar.
Queremos tirar o fôlego de alguém.
Se ao menos pudéssemos fazer todos
pararem e pensarem por um instante.

Talvez pudéssemos influenciar outros
de um jeito que nunca imaginamos possível.
Talvez possamos contribuir com algo
que nos transforme.

Permaneça desejoso e agitado,
confuso e surpreendido.
Você talvez encontre
seu fragmento de invencibilidade.

Pegar fogo só acontece
com aqueles que estão dispostos a serem incendiados.
E as chamas não são lindas?

Elas são tão, tão lindas
até queimarem até virar nada.
Cinzas cinzentas amontoadas
de passados elogios.

Algo bonito espera.
Você será aquele
que o criará?

Um pouco de safadeza nunca fez mal a ninguém.

Seixos

A sua vida não é a minha vida.
E haverá momentos
em que compararei o valor da minha
com a sua.

Você fará o mesmo
com outra pessoa.

Por isso, ofereço um pedido de desculpas.
Nem você nem eu
criamos hierarquias de propósito,
mas elas acontecem.

Comparar é um hábito.
A inveja, um subproduto inútil.

O que precisamos
é encontrar valor.

Então desculpe.

A sua vida é a sua vida.
E como a minha,
ela importa.

Quando você estiver em um momento de fúria,
deixe que ela te consuma por completo.

Andando às Cegas

Se ao menos os olhos dela
tivessem visto
o quanto ela significava,
teríamos corrido para sempre.

O Manifesto dos Charlatões

Pessoas entediadas
criam malícia
a partir do que poderia ser
inofensivo, lúdico, inocente.

Elas incitam o fogo,
respiram má intenção,
ventres enegrecidos
por proclamações sociais superficiais.

Eles mergulham
no que nunca foi pedido,
nunca exigido,
nunca significado.

"Eu observei."
"Eu vi."
"Eu sei."
Murmúrios cansados,
divagações vestidas de contribuição,
prova de que entendem
o que nunca precisou ser dissecado.

Tudo pelo comentário pronto
para "o que você fez no fim de semana,"
sussurrado ao lado
do bebedouro do escritório.

Pensamentos
não precisam ser adequados
ao momento.
Podem ser guardados
para seus próprios fins.

O processo é lento,
mas o retorno é imenso.
Seja um dos poucos
a ir devagar.

A pressa produz
absurdos na mente deles.
Bombas de tontura,
um passatempo dos
medíocres,
dos péssimos,
dos estúpidos.

Alegações fingidas.
Declarações caídas, mortas.
O arrependimento escapando pelos dentes.

"Eu tenho orgulho da minha posição,"
embora tenham acabado
de inventá-la.

Um desabafo arbitrário.
Obediência a existir.

Postando-se em qualidade emprestada,
os incestuosos, não qualificados.
Traço por traço,
qualificando uns aos outros,
volta após volta.

Para um grupo, suas vozes encantam.
Para outros, guincham como porcos.
Ambos reduzidos a ruído.

Indignação seletiva.
Envolvimento seletivo.
Contribuição marcada em caixinhas.
Foi mesmo uma contribuição?
Eles amam conflito
temperado de relevância,
profundidade embotada
pela fabricação rápida.

Toda essa performance censurada.
E se eles deixarem escapar algo?
Podem dizer algo real.
Então estão perdidos.

"Não tenho palavras."
Isso são palavras.
E não são a verdade.

Encontre algo,
qualquer porra de coisa,
que não seja circular fofocas
como urubus sobre uma
causa política,
social,
ou econômica.

Você não está fazendo nada avançar
a menos que esteja suando por isso
em um tribunal,
num conselho municipal,
ou dentro de uma organização sem fins lucrativos.

Uma marcha não conta.
Uma conversa no jantar não conta.
Angústia no brunch não conta.

Nada é tão acadêmico quanto fingem.
A maioria das coisas é besteira.
Só a arte nos torna gentis.

O seu problema
é que você continua pensando,
sempre remexendo
as tranças do seu próprio cérebro.
Ignore o ruído.

Você precisa merecer.
Ignore a bajulação.
Ela rouba sua vida,
queima seu tempo,
roendo o corte da insanidade.

A maioria vive num complexo de misericórdia,
sobrevivendo ao capricho dos outros,
presa no entremeio.

Por que se preocupar com esses idiotas?
Eles nunca quiseram a verdade mesmo.
Pressão demais
para serem qualquer coisa
além de ordinários.

Então ignore.
Seu tempo de criar é agora,
antes que a besteira sugue sua energia,
antes que a banalidade torture todos nós.

Pelos Riachos Suaves que Disputamos

A paz parcial da vida
está sempre buscando um riacho suave,
disputando como podemos para encontrar algo
menos bagunçado, menos cáustico, menos forçado.

Mas tanto da vida nos é enfiado goela abaixo.
Forçamos o que conseguimos como verdade:
o amigo que nem sempre é amigo,
o encontro de domingo que juramos ser importante,
o amante péssimo na cama,
mas melhor que estar sozinho.

Essas são as forças que declaramos que devem existir.
Caso contrário enlouqueceríamos.
E quando a traição rosna
como um dragão soltando fumaça em nosso peito,
exalamos névoa mais do que chama.

O que nos segura?
O que nos mantém seguros?
O que matou a vivacidade em nossa alma?

A vida espancada,
a que todos acabamos por conhecer.
Não planejada,
mas entregue como deve ser,
uma recompensa por fazer
o que acreditávamos ser correto.

Que engraçado quando a convenção está errada.
A caneta no papel nunca deveria ter nos enganado.
Mas enganou,
como sempre enganou.

"Como diabos deveríamos saber?"

Como se fosse um truque.
Como se nunca tivéssemos visto.
As dores da nossa vida
claras como visão perfeita.

Nós obscurecemos a vista,
forçamos a sorte,
esperando vencer a casa.

Aquela casa de cartas é a vida.
Basta uma carta faltando
para arrancar nossas entranhas,
espalhadas na mesa,
o sangue secando antes de formar poça.

E encaramos confusos,
como se fôssemos o idiota,
o imbecil que zombamos com
"devia ter sabido."

Mas quando é a nossa vez,
interpretamos marionetes de meia,
sem apoio,
apenas uma mão sacudindo nosso pescoço,
partido como galhos num cemitério.

E quebramos,
sem contenção.

Eu rio disso agora.
Um dia pensei que não aconteceria comigo.
"De jeito nenhum.
Eu não cometo erros."

Mas não importa o quanto você planeje,
o galho se parte,
cede diante dos morcegos acima.
Até o dragão não sobrevive a um enxame.

E por isso,
quando um riacho suave aparece,
não arrisque nadar.

Você vai se afogar,
ainda insistindo que estava certo
sobre a correnteza oculta.

Molho de Cereja e Mosquitinhos

Você pode esquecer o amor.

Como um mosquitinho enterrado fundo,
ele percorre seu núcleo.
Não importa o quanto você resista,
os mosquitinhos não ligam.

O coração não consegue se proteger
de ser tocado.

O amor sangra,
um balde de molho de cereja
escorrendo pela borda.
Ela é um desejo
forte demais para não provar.

Que erro bonito.

A fraqueza nasce do amor.
Lágrimas queimam as bochechas.
Defeitos expostos,
fibras de vulnerabilidade sentidas.

Confiar que o amor não vai arruinar você,
mas o que há de errado em ser arruinado?

E então há o medo.
O medo que perdura.
A aposta que vale a pena.
O maior dos riscos.

Então faça.
É insensato viver
na certeza.

Um enredo construído em artimanhas termina em nada.
A verdadeira busca não planeja,
ela simplesmente segue.

Exceto por Mick Jagger

A juventude atrai relevância.
Mentes frescas,
fatores de estilo
propagados em exibição.

O medo da idade não é sobre saúde,
é mais emocional que isso.

O alcance que escapa da juventude
é mais que artrite.
É saber
que o passado não pode ser repetido.

E mesmo assim, você tenta.
Fala do seu velho isso ou aquilo,
de como vai rejuvenescer.

Mas a sabedoria supera a relevância.
A relevância é passageira.
Todos ficamos ultrapassados em algum momento.

Exceto Mick Jagger
e alguns outros.

Então não se preocupe.
Não fique remoendo isso.
Não deixe a irrelevância
fingir relevância.

Nação, Contra Si Mesma

Um país,
uma nação onde o apoio, o cuidado
e o senso de união
são deixados de lado.

Treinada para capturar o sucesso alheio
a fim de desviar a atenção
daqueles que defendem algo.

É uma nação triste,
paralisada pela dúvida,
ansiando por identidade,
envergonhada de suas raízes,
irritada pela dissonância,
invejosa, sempre invejosa.

Ferida pela insegurança,
indefesa sem força,
e assustada com o futuro.

Nossa nação,
contra si mesma.

Fósforo no Escuro

O primeiro beijo
é aquele que não permanece.
Rápido.
Afiado.
Acendido,
como um fósforo no escuro.

Sem tempo para pesá-lo
com memória
ou promessas.
Apenas calor no agora,
ardendo antes que a cidade engula.

Mas ousamos,
corajosos o bastante para entrar
nas cinzas do agora,
onde o que quisermos nos consome.

21h48, Quarta-feira.
Cruzamos a ponte.
Brooklyn brilha no vidro.
A chuva cai.
Taxis sibilam.
Terno como a noite.

O cabelo dela, molhado.
Os lábios dela, molhados.
Os olhos dela, molhados.

Ela não segura nada,
oferece tudo.

Haverá outro,
sempre há.

Pôr do Sol no Parque Estadual Gantry

Minha mente se acalma
quando o dia perde sua pressa,
quando fendas no horizonte de Nova York
brilham sobre o rio que treme.
Estremeço enquanto o reflexo alaranjado
se espalha pelas passarelas do Parque Estadual Gantry.

Mãos seguram coleiras de cachorro,
outras se entrelaçam.
Estrelas solitárias tocam telas de celular,
antecipando,
imaginando,

Devo ligar para ele?

Penso nela então.
Não sinto tanta falta dela quanto sentia antes.
Os momentos que tivemos no parque já se foram,
mas as lâmpadas do píer sombreiam o chão
e me lembram um passado estranho.

O cais observa
o que antes era nossa cidade.
Isso me atinge.
Me faz desejar nós dois de novo.
Não para sempre,
apenas o bastante para lembrar como era bom.

Sim, lembrar.

Eu não tinha me permitido isso, até agora.

Explodir

O coração diminuiu o ritmo.
Cidadãos caminham.
Um estado onde a corrida cessou.

Os limites parecem intransponíveis,
superando a febre de vencer as probabilidades.
Números não mentem.
Mas mentem?
Depende.

Multidões se movem,
uma união solta
pelas inseguranças da solidão.
Jornadas não acontecem sem coluna,
simplesmente, a necessidade de um amigo.

Mas como alguém alcança
seu potencial mais verdadeiro
a menos que esteja sozinho,
a menos que tenha a chance
de encontrá-lo,
de fazê-lo acontecer?

Só há uma chance.
E por mais que qualquer um, ou eu, possa fazê-lo,
a batida é constante.
A vida segue adiante,
segura como pão
subindo da torradeira toda manhã.

Eu te desafio.
Eu me desafio.
Esqueça o pão.
Encontre.
Alguma coisa, qualquer coisa.
Persiga.

Não por notoriedade.
Mas porque precisamos disso,
para saber que encontramos.
Era isso que a América costumava ser.

Vejo meus pares
e não me vejo.
Sozinho.
Distinto.
Inquieto com a aceitação.

E quando sinto meu coração,
ele bate mais rápido,
dói no peito,
quase explodindo.
É inacreditável
o quão perto do fim me sinto
quando penso nisso.

E com toda a minha sensibilidade,
mesmo nestas circunstâncias extremas,
lembro que é o meu coração.
E eu o desafio,
desafio que exploda.

Ela Preferia as Reviravoltas

Ela era teimosa e obstinada.
Era isso que eu amava nela.
Ela era vida.
Ela me fazia sentir vivo.

Não a vejo há muitos anos.
Eu queria tê-la conhecido como sou agora.

A vida começa como uma estrada sinuosa de incertezas.
Há uma chance,
mas ela se esconde atrás de obstáculos e curvas afiadas
que a juventude joga no nosso caminho.

Há esperança de descoberta.
A navegação se torna viciante,
uma droga.

Mas cedo demais,
a estrada fica previsível.
A sabedoria tem um jeito estranho
de tornar as coisas comuns.

Achei que queria conforto depois de um tempo.
Foi aí que ela e eu discordamos.

Ela preferia as reviravoltas.
O estranho medo da instabilidade não a incomodava.

Lembro de estar horrorizado
no primeiro verão em que nos conhecemos.
Mesmo quando ela escorregava em direção à rotina,
eu sabia que era temporário.
O verão sempre nos puxava de volta ao começo.

Aqueles quatro meses,
violentamente diferentes.

Sinto falta dos meus verões com ela.
Vou superar isso.
Um momento rápido de nostalgia.
Minha cabeça sabe melhor.

Droga.
Não gosto de pensar assim.
Minha cabeça?
O objetivo da vida não deveria ser prático.

Deveríamos correr como loucos,
gritando dos telhados.
Quero olhar para o rosto de alguém
e devorar suas inibições.

Deixar nossos corações baterem tão forte
que a única forma de sobreviver seja rir.
E rir nós vamos,
de que outro jeito aliviaríamos a pressão?

Ela sempre ria.

Será que ainda ri?
Espero que não tenha perdido isso.
Espero ter a coragem
de encontrar a vida de novo.

Você não pode temer a própria experiência.
Deixe esse medo para a concorrência.

Nunca Parado

Há um fervor esta noite.
O vento e eu acreditamos na pressa.
Eu corro com a corrente que se eleva
e me encontro
entrelaçado em sua força selvagem.

Grande.
Ousado.
Valente.

Ouso escapar
enquanto o ar desaparece,
ido porém nunca parado.

As Luzes da Minha Cidade

As ruas estavam vitrificadas
como cobertura em palitos de chocolate.

Sonhos brilhantes em janelas,
vitrines,
salões de unha,
e pontos de ônibus.

Clientes solitários
sentam atrás do vidro embaçado.
A noite desprende vapor
sem desejo.

A cidade dorme
um sono de inverno.
Mais calma
nesta época do ano.

Já foi só barulho um dia.
Tudo novo.

Agora é rotina.
Ali está meu lugar Chinês.
Eu deveria lavar roupa.
As luzes não me excitam,
não me guiam.

As luzes da minha cidade
só me lembram que há vida,
que faço parte dela.

Os meses passam mais rápido,
escorregando despercebidos,
fluindo pelos fios,
mundanidade eletrificada.

E eu vejo agora:
pequenos momentos
viram pequenos pensamentos,
viram pequenas mudanças.

E pequenas mudanças
são tudo que temos.

Cancele-me.
Assim eu posso morrer em paz.

Apertados Como Carne

Pelo menos uma centena espremida ali.
9h18.
O metrô lotado,
o ar grosso de suor e sono.

Fones pendurados.
Rostos mortos despertam
nos pontos onde descem para o trabalho.

Um homem lê a Bíblia.
Outro livro de bolso.
Ninguém sorri.
A melancolia da manhã sufoca o vagão.

Todos pensando,
provavelmente a mesma coisa:
quão rápido podemos atravessar o dia?

Eu?
Eu preferia estar em casa.

O silêncio é brutal.
Vamos chegar?
Onde qualquer um de nós acaba?

Hoje é mais um pequeno passo.
Para onde iremos daqui
está longe demais.

Resolvendo Soluções

Eu esqueço,
ou pelo menos tento.
As razões se acumulando.
Flashbacks me dão torcicolo,
estragados por cenas azedas.

Mas o que há de tão errado
com a imprevisibilidade?

A praticidade
é como jogar tênis contra a parede.
Ninguém quer realmente bater sozinho,
mesmo que o saque seja ruim.

Como é fácil
tornar os problemas mais difíceis.
Infecciosos,
eles sufocam.
Eles vão matar se você permitir.

E eu permiti.

Eu morro quando penso
nos momentos que não posso recriar.
Eles nunca podem acontecer de novo,
ou podem?
Tudo que preciso é fazer uma ligação.
Eu não,
eu não sei se consigo.
Uma solução que não precisa ser resolvida,
mas mesmo assim eu penso nela.

Ela e eu sempre fomos
mais complicados que respostas.
Nosso mistério era mais sedutor.
Às vezes as pessoas são melhor
descritas por perguntas.

Uma solução
seria fácil demais de alcançar.

E eu amo falhas.
Talvez sempre tenha sido para ser assim,
falho.

Talvez resolver soluções
nunca tenha sido tão difícil
quanto fizemos parecer.

Toda Doçura Queima

A maioria das pessoas deseja
que algo surpreendente
aconteça com elas.

Mas quando acontece,
elas fogem.

Eu já fui conhecido
por mergulhar nas chamas.
Não sei por quê.
Talvez alguns de nós
gostem de ser queimados.

Você se sente vivo por um instante,
até que as brasas de ontem
esfriem no comum.

Que tédio viver seguro,
intocado, ileso, não vivido.
Até o desejo de amar
pode ser uma sentença de morte.
O coração partido é um presente.
Corremos
bem quando
isso deveria nos despedaçar.

O medo da aflição
é uma pequena morte,
uma circunstância vazia
que fingimos ter sentido.
É a mesma aversão
que nos mantém longe da chama.

Solte.
Somos todos iguais.
Porque, se você não soltar,
nunca vai conhecer
a doçura
da queimadura da vida.

As distrações substituem a criatividade.
As distrações matam a profundidade.

A juventude é um soro letal.
As drogas apenas a expõem.
A sobrevivência é o único antídoto.

O Elástico

Eu penso tão longe à frente,
que quando volto
fico com raiva.

Minha mente é um elástico,
esticado pela curiosidade,
outras vezes pela expectativa.

Um tranco depois de
ver um filme,
cumprir um prazo,
fazer uma viagem,
ver as pernas de uma mulher no metrô,
qualquer coisa que estique as fibras ainda mais.

Às vezes acordo com dores de cabeça,
o elástico puxado demais,
tenso, prestes a estourar.

Mas ele sempre pode ser puxado mais,
e esse é o crime contra mim mesmo,
achar que não tem limites.

Mas tem.
Quando seca,
quebra na linha,
e arrebenta.

Mas eu já vim longe demais
para desperdiçar isso com arrependimento.

Além disso, elásticos valem um punhado de centavos.

Goela Abaixo

A arte já não é
sobre descobrir um sentimento,
é fabricada
para combinar com as métricas.

Feita barata.
Feita fácil.
Marketing rechonchudo.
Goela abaixo ela desce.

Somos condicionados
a chamá-la de orgânica,
a jurar que é verdade,
uma mistura de tendências.

Modas, estilos,
rostos emprestados,
artistas que nem mesmo
criam a própria arte.

A fraude aplaude a fraude.

Inevitavelmente, todos gastam seu futuro
tentando recriar o passado.

Pessoas Bonitas em Dias Chuvosos

As gotas de chuva andam na ponta dos pés ao meu lado.
Pequenas lágrimas escorrem para os bueiros,
piscinas temporárias para ratos.

Botas,
verdes,
amarelas,
cheias de bolinhas.

Uma costa curvada abraça
um escudo de poliéster.
Lá está Al.
A barriga dele dobra
sobre o cós do moletom.
A camiseta não tem a menor chance.
Ele fuma, dá a última tragada,
arremessa o cigarro na minha linha de visão.

Vejo a brasa sufocar.
Dou fim ao sofrimento dela.
Bitucas amassadas me cercam.
Sherry vai varrê-las no Domingo,
que é o dia do lixo.

A cerca de arame
do lado de fora do Apartamento 47
pisca de volta.
Passo o dedo pelas nervuras,
frias, molhadas.
Curiosamente reconfortantes.

Até que acaba.
Olho pela Rua 34.
Conchas de tartaruga pulam,
pretas e azuis,
como orbes.

A chuva nem está tão forte.
Guarda-chuvas são acessórios,
como relógios, bolsas, anéis.
As ruas me lembram,
a insuficiência é sobrevivência.

Penso de novo no Al.
Talvez ele tenha entendido tudo.
Deixe a barriga cair.
Nenhuma cobertura necessária.
Perfeitamente bem
passando o tempo,
vendo as gotas,
vendo a fumaça,
vendo sua vida comum
passar.

Estatura de Estátuas

Todas as pessoas que você conhece,
até que você as supere
em tudo o que elas achavam
que você permaneceria sendo.

Quando amigo vira inimigo,
quando gentilezas escondem correntes,
quando a civilidade lisa
vira cortes de borda áspera.

É sempre assim.

Eles pregam potencial,
mas a prova lhes escapa.

Os criativos,
os fazedores,
aqueles que elogiamos de longe.
Até nos tornarmos eles.

Então somos excluídos,
por estarmos certos,
por sermos ousados,
por sermos belos.

Enquanto os feios e ordinários
se reúnem para nos puxar para baixo
enquanto nós puxamos para cima.

Estatura sozinha,
um símbolo de resiliência.
Mas até estátuas são derrubadas
quando pessoas suficientes dizem ver um vilão.

Esse segredo que todos guardamos.
Mas de que serve o mal
se todos o mantemos preso?

Como disfarçamos o herói?
Não vive ele também
com o diabo dentro dele?

Carregamos medo em nosso rosto,
para fazer o certo,
mesmo que a obediência nos mate.
E vai.
Sempre matou.

Mas acenamos em concordância,
no último juramento de lealdade,
no terreno árido de nossas dores.

E então choramos.

Porque, se ao menos pudéssemos ser o vilão,
talvez fôssemos, ao menos,
um entre as estátuas.

Ser Vista, Não Resolvida

Mulheres reclamam
porque querem reconhecimento.

Sua luta diária, seu desgaste,
uma rotina nascida do enigma da manhã,
um pedido invertido por atenção.

À espera da frase:
"Você faz taaaanto."
"Coooitada dessa mulher."

Nós, homens idiotas,
oferecemos a solução.
Ela diz,
"Você não entende."

Ela não quer a solução.
Ela quer o elogio pela luta,
mesmo que contribua para ela.
O mesmo amanhã.
O mesmo depois de amanhã.

Ela só quer o crédito,
não o conserto.
Porque o conserto soa como:
"Bem, você deveria saber, bobinha."

Mulheres são frágeis.
Querem ser queridas,
ainda mais
por seus piores inimigos.

No fundo ela tem medo,
uma medrosinha
para qualquer outra coisa.
Ela vive no problema do dia,
como uma lagarta em seu casulo.

Daí a busca
por enigmas diários
que definem sua luta:

"Ufa, tenho algo para lidar,
assim ninguém diz que não contribuo."

Mas até ela sabe
que o que a envolve
vale muito pouco.
Mas é dela,
e ela defende como tudo.

Admitir o contrário
seria admitir que é
burra,
fraca,
inútil.

Mulheres não são inúteis.
Muitas vezes são mais fortes que os homens.
Muitos homens, para ser exato.
Mas adoram mastigar problemas.

Como se a preocupação a tornasse sábia.
Mas não há nada afiado em girar no ralo.
Só mastigar o que não existe,
se inflamando pelo prazer disso.
Isso não é profundidade.
É loucura.

Essa é a diferença entre os sexos.

Mulheres querem o conflito
que se resolve fácil.
Homens querem o conflito
que cria grande arte.

Mulheres não veem como homens.
Quando perguntadas se poderiam,
elas recuam com ousadia:
"Sim, eu poderia fazer...
mas só se isso e aquilo estivesse no lugar para mim.
Ou se eu tivesse isso ou aquilo...

mas não tenho.
Não é culpa minha."

Alcançar o tolo, elas não vão.

Expliquei tudo agora.
Então trate-a assim.
E trepe logo.
Meu Deus, como o sexo resolve problemas.

Ainda não entendeu?!
Ela vai te testar:
"Você é tão sortudo por não ter que lidar com isso."
Isso é ela sendo valente.

Ela quer que você admita
que o que ela faz é mais difícil,
que tem mais valor.
Ver ela sofrer
significa que você sofre com ela.

Ela quer um momento mútuo de penar.
Ser vista, não resolvida.

Então entre na lama com ela.
Ofereça reconhecimento,
segure a solução.
Não precisa fazer sentido.
Nunca fez.

Esse é o conflito ao qual ela se agarra.
É dele que ela sobrevive.

Fazer tudo certo
não significa que você tenha direito a porra nenhuma.

Ainda Assim, o Coração Tem uma Chance

Preso na insanidade da perda.
Minha mente se apaga,
e isso parece o único senso de razão.

O desejo profundo,
a natureza inesperada do que resta dela,
escura, mais escura que um céu roxo.
E ainda assim, parece não haver nada.

Como a mente se embaralha
quando as emoções reinam.
Estranha e aberrante,
o coração guardado é derrotista.

Só quando o medo da possibilidade nos atinge
é que fazemos uma pausa pelo amor.
A raridade de algo assim assusta,
mas pensar que nunca existe é pior.
Você sente quando não está pronto,
imperfeição e graça misturadas,
como um carro passando num sopro.

Aturdido pelo farol,
o coração se lembra de arriscar.

O amor é algo em que acreditamos às cegas.
Quando as peças se encaixam,
se unem com facilidade,
sorrisos perfeitos sustentados no lugar.
O tempo para.

Mas a mente é calculada,
complexa, obstrutiva.
Um grão de dúvida vai e volta.
Com grande velocidade, toma conta.
Não tomado mais pelo amor.

Ainda assim, o coração tem uma chance.

Não há nada mais miserável que imaginar.
Momentos do passado retornam,
limites antigos de repente abandonados.

O erro do ano passado vira o erro da noite passada.

Diante da pressão crescente,
a única escolha é ficar sozinho.

Sozinho, quando você poderia estar junto.
A parte mais difícil.
Estúpida e tortuosa,
tudo por causa do amor.

Mas finais não foram feitos para nós.
Temos o agora
e o que virá.

Enquanto nossos caminhos cruzados
viram memórias para sempre,
quando não consigo evitar ser tomado
pela maneira como você parece esta noite
e todas as noites daqui em diante.

E então eu espero.
Espero por ela.
Ela é a minha única.
Porque eu sei,
meu coração tem uma chance.

Cada geração busca relevância,
mas o significado se distorce em preconceito.

A ignorância sombreia seus olhos,
e a antiga grandeza escorrega para o silêncio.

Espantalhos Usam a Coroa

Toda história é um romance,
um carretel fiado de individualidade,
um suéter usado em todas as estações.

Se a comunidade é tão forte,
por que os reis foram assassinados?
Comercialização, mercantilização,
a pureza da vibração
reprogramada em lucro.

Ainda existem cantos autênticos?
Lugares onde o coração engana o dinheiro,
onde verdadeiros artistas sentam sozinhos,
vivos e mal,
ainda lutando a luta.
Ou o último grande artista já entrou em extinção?

Talvez o oportunista seja coroado em seu lugar,
um espantalho cheio de palha,
recheado de slogans,
fabricado para atenção,
posado para os corvos,
ainda sugando.

Talvez o ritmo da cultura seja o culpado,
todos correndo atrás do presente,
obediência embalada como imperativo.

Eu não saberia.
Estou ocupado demais com minha própria arte.
Nova York me mantém afiado e deprimido,
uma mistura perfeita
de sujeira e inspiração.

Eu sou minha própria experiência.

Mas talvez eu seja esperto demais.
Estudei, li demais.
Vivo sabendo demais.
Estraguei a vida,
como você a conhece.

Tensão

Tensão
Um resultado
pode não
responder à pergunta,
mas ele
reduz a tensão.

Veia da Dependência

Eu odeio o que quero,
mas preciso alimentar o que necessito.

Como carne vendida por minuto,
estamos presos ao mesmo esquema.
Abrimos mão do que é sagrado,
gastando o que resta da nossa misericórdia.

Essa rendição nos torna nada,
mesmo quando parece certa,
mentindo enquanto apodrecemos por dentro.

De barriga para cima. Cortados. Quebrados.
Uma poça de sangue aos nossos pés.
Nadamos no mar vermelho.
E dizemos que vale a pena.

Veias tremem sob sussurros,
uma vida secreta atrás de um sorriso.

A sanidade se desfaz,
um acerto mais perto.
Não quebre.
Venha perto.
Fique preso.
Não rompa o que te agarra.
Nunca vai embora mesmo.

A abstinência é dura,
então você continua usando,
mesmo que custe tudo,
mesmo que te deixe entorpecido.

Até acabar.
Até virar.
Até cessar.

Seguro e Sozinho

Passei o dia inteiro sozinho.
Havia festas às quais eu poderia ter ido,
mas eu não queria estar perto de ninguém.

Senti ansiedade hoje,
mais do que o normal.

Deitei na cama
e olhei para o teto.
Precisei praticar a respiração,
seu ritmo perturbado
pela distração dos meus pensamentos.

Pensei em mim mesmo.
Pensei nas coisas que queria realizar.
Pensei no tempo que desperdicei,
no dinheiro que gastei de forma tola.
Pensei na minha irmã.
Pensei na minha mãe.
Pensei na minha ex-namorada.
Pensei em tudo isso por tempo demais,
até que me senti cansado
e desconfortável.

Deve ter sido
um dos primeiros dias agradáveis da primavera.
Eu percebia pela claridade das cortinas.
Me senti culpado por querer sair,
culpado por querer ver o pôr do sol.
Senti que não merecia.
Senti que havia falhado o dia.

A pior parte de hoje
foi que ninguém sabia que eu estava tão baixo.
Em outros dias, quando me sentia assim,
eu ligaria para um amigo.
Eu leria um livro.
Eu colocaria música e fecharia os olhos.
Eu faria ioga.

Eu faria qualquer coisa,
qualquer coisa para desviar a atenção
da minha melancolia.

Mas hoje deixei que ela tomasse conta.
Peguei o telefone,
depois coloquei de volta.
Não quis incomodá-los.
Não quis estragar o dia deles.
Não quis estragar o pôr do sol deles.

Eu não sabia como lidar com minha melancolia.
Isso acontece de vez em quando.
É natural sentir assim.
Diferente da felicidade,
a tristeza está pronta e disposta.

Então permaneci sozinho.
Era a única forma de me sentir seguro.

E às vezes eu queria
não sentir isso sobre mim.
Como se a ambição trabalhasse contra mim,
como se cada sucesso estivesse vencido.

Se você perguntasse aos meus amigos,
eles diriam que sou um cara legal.
Acho que posso ser às vezes.
Acho que fui há poucos dias.

Como é frustrante
o passado parecer tão distante do hoje.

Mas a mente é um órgão misterioso.
Às vezes acho que a minha se fixa
em falhas cometidas.
Acho que qualquer pessoa pode esquecer
a própria grandeza.
É difícil lembrar às vezes.

Eu sei que não sou o único.
Há outros que acordaram hoje
e se sentiram da mesma forma.
Outros se sentirão assim amanhã.
Não há como saber
como qualquer dia vai ser.

Supostamente vai fazer sol de novo amanhã.
E, caramba, só pensar no amanhã
já torna hoje mais tolerável.

Acho melhor dormir sobre tudo isso
depois que terminar este poema.
Talvez eu tenha uma chance melhor
quando acordar.

Estou me sentindo otimista.
E você?

O Vapor na Rua Christie

Tínhamos acabado de sair do primeiro bar,
e eu começava a me soltar.
A umidade de Agosto grudava em mim,
suor misturado ao gim,
ao neon,
ao barulho de mais um Sábado.

A antecipação da noite crescia.
Estranhos passavam como sombras,
rostos brilhando,
vozes meio ouvidas chamando meu nome
ou talvez não chamassem.

As ruas ferviam,
névoa nascida do asfalto subindo em ondas.
Eu entrei nela,
sem me importar com o que aconteceria,
destemido pelo que pudesse,
com medo do que talvez não pudesse acontecer.

Vidro sobre madeira.
Uma caixa de som gemendo.
Uma mão no meu ombro.
Risos alto demais.
Um beijo, talvez.
Um tropeço.
O chão inclinando.
A noite se partindo
antes de conseguir pousar.

Eu estava cansado como o pecado,
mas não pedi perdão.
Concedi a mim mesmo a salvação
quando a memória escureceu.
E ainda assim eu seguia,
levado pelo borrão,
pelo calor,
pelos sentidos da cidade.

Ao longo da Rua Christie,
onde vapor vira pressentimento.

Eu, o Escritor

A sociedade olha para nós
para suprir uma necessidade,
uma persona que dê sentido às coisas,
uma voz contra
e a favor da própria hipocrisia.
Para ser a verdade.

O astro do rock é o astro do rock.
Suas manias,
perdoadas,
porque ele é a pessoa
que desejamos ter sido feitos para ser.

Eu acho.
Eu sou o escritor.

E embora eu me deteste,
tema a insignificância,
e falhe em conter minha ansiedade,
eu sou o escritor.

Eu escrevo pelos outros
porque eles não conseguem.
Digo o que querem,
mas não dizem.

Eu sinto a incerteza
de cada palavra que coloco.
Sinto o peso
de cada reação crítica.

Mas faço isso pelas pessoas
em lugares solitários,
que precisam de algo para ler
para ajudá-las a entender
o que tudo isso significa.

Que não estão sozinhas.

Que os dias bons,
embora limitados,
superam os dias
de distorção nublada,
fracasso sombrio,
e momentos que não valem a pena lembrar.

Por isso,
eu sou o escritor.

Por isso,
eu escrevo para você.

E talvez,
eu escreva para mim mesmo.

O Tatu Dourado

Você faz essas coisas
com a intenção de que sejam transacionais.

Que será elogiado por isso.
Que será elevado por isso.
Que será o centro interno de toda
a pressa,
o sentimento,
a excitação de existir.

Eu acho que as pessoas chamam isso de propósito.
Mas não acaba assim.
O dinheiro se acumula.
Os problemas sugam cada centavo.
A inveja se espalha como praga.
Todos querem algo de você.
Ninguém quer lhe dar nada além de
palavras baratas,
golpes baratos,
significados baratos.

E tudo se torna um domicílio de domesticação,
anunciado ao lado de uma placa na estrada
perguntando sobre sua devoção a Jesus.

Então as engrenagens da sua mente começam a girar:
Você alcançou?
Deve se preocupar?
Essa preocupação o forçará a assumir mais?
E *mais* é mesmo melhor?

Não será.
Nunca foi.
Nunca será.

Raramente somos lembrados,
mas agimos como se todos fossem nossos espectadores,
espreitando, observando,
como se fôssemos seu modelo.

Todos se alimentam da ideia
de que estão sendo notados,
mesmo que nunca saibam.
Vivemos na ilusão
de fama, prestígio e abundância.

Mas não somos modelos.
Somos gordos demais,
credíveis demais,
espalhados demais.

Como alguém pode trabalhar sua profundidade
quando ela não cabe
no banquete de aperitivos superficiais?

Enterramos isso sob a representação falsa de coisas,
de objetos,
de pessoas,
de impressões,
e de todo o saco de truques da completa porcaria da sociedade.

Uma nação de artifícios e críticos.
Tudo enquadrado como progresso,
mas no fim é só uma tendência.

Mas precisamos comer.
E quando comemos, queremos comer melhor.
E quando melhora,
queremos o que é bom.

E é aí que começamos a nos transformar.
Em algo blindado.
Calejado.
Preservado pela dor.

É aí que nos tornamos o Tatu Dourado.

Mas iluminação nunca veio
de nada não escrito,
não produzido,
não pintado.

As esferas digitais tomaram isso.
As ramificações de
som,
luz,
visualizações,
misturadas com a armadilha sempre efervescente de
marketing,
posicionamento,
aprisionamento.

Infelizmente,
o garoto honesto espera para ver com clareza,
mas a tela nunca esteve vazia.

Sempre foi roteirizada:
como deveria ser.
Como teria de ser.
Como só poderia ser.

E a segurança aparece,
não como salvação,
mas como sobrevivência.

Suas costas são duras.
Seu corpo, escondido.
Seu sorriso, forçado.

Sua parceira.
Seu bebê.
Aperta esse sorriso com dentes irregulares,
uma performance de dor
seduzida pelo monstro performático da mediocridade.

Para estar na corrida
com os vizinhos da porta ao lado,
na rua de baixo,
do outro lado do estado,
do país,
do mundo.

Todos aqueles com quem jamais cruzamos caminho.

Enquanto cuspimos no olho
daquele que realmente chega perto de nos tocar.
No lugar disso, celebramos a raiva deles.
Amargos porque deixaram o mundo fazer isso com eles
antes que pudessem fazer de volta.

Mas acariciamos nossa concha dourada.
Preenchendo nossos dias com conversas desordenadas
sobre celebrações que outros fizeram ou não fizeram,
mas nunca sobre o que deveriam estar fazendo.

As lembranças do nosso *blá, blá, blá*
não vêm do som da nossa fúria.

Não.

Elas vêm das seleções superficiais
do que emulamos, imitamos
e demonstramos como nossa própria originalidade.
Por sincera severidade,
o fígado de nossas vidas esquece de filtrar a lavagem.
O javali relembra um arrependimento que vangloria
como se tivesse acontecido.
E nós grunhimos quando mandam.
Gritamos sem originalidade.

Eu poderia.
Quem sabe.
Se ao menos... oinc.

As frases que infestam nosso ser incessante
contornam o último traço de originalidade
que poderia ter florescido.

Queremos ser pendurados para secar
como um açougueiro dá o presente da morte
ao diabo no suíno.

Mesmo com essas noções,
desfalecemos da arquibancada,
nos arrastando em direção ao fluxo.

Achando que precisamos ser gostados.

Mas reputação é uma cobra que observamos,
e o gênio da nossa alma
sempre concedeu um único desejo: Validação.

"Eu importo, sabe."

Atacamos com a previsão
de que poderíamos ser mais.

Mais para quem?

Quem sabe.

Como nossas vidas se tornam miseráveis
quando desejamos que pareçam válidas para outros.

Talvez eu não entenda.
Você pode dizer que estou errado.
Talvez esteja mesmo.
Ainda assim, eu me desfaço pelo caminho.
Ou talvez você pense mais claramente.
Talvez ache que ele está tão certo quanto qualquer um de nós.

O elogio externo não nos refina
a menos que sempre tenha sido essa a intenção.
Essa maldita concha, como nos protege.
Mas no fim não protege.
É só pesada,
delicada,
calculada.

Forçando a si mesma.
Envolvida só por estar envolvida.

Tão dura quanto a superfície nua
da nossa concha ossuda,
a arranhamos
até nos convencermos de que é lisa.

Mas não é.
É carnívora.
É antiga.
É sagrada.

É um lembrete que nos recusamos a ver.

Então permanecemos,
não enjaulados,
mas fechados dentro da nossa própria armadura,
nosso próprio túmulo dourado.

Ao Longo da Estrada de Pimenta

A escolha no assunto
muda ao longo da estrada da pimenta.

Pontilhada e marcada
pelos grãos de ideais elevados,
tornada seca pela brita,
raspando contra
quem acreditávamos ser.

O prazer diminui
no instante em que ansiamos
por algo a mais.

Mas o quê?

O que era essencial
torna-se temporário,
um ataque tão direto
quanto desejamos,
quanto já não precisamos.

Até mesmo o desejo
tem uma visão obstruída.
O caldo se encontra
nas abstrações.

Até que fique claro
que é arbitrário,
sem sentido,
até decidirmos
que nada mais importa.

A ferroada da nossa espontaneidade
nunca é espontânea,
tramada ao contrário.
Foi apenas através
do escárnio do tempo,
uma catacumba de experiência,
explodindo de raiva,
e então deve ser nossa.
Nada recusamos.

Há segurança no não resolvido;
uma vez que você resolve,
o que resta para lidar?

Drama é uma droga.
Estou viciado.

Sem Equilíbrio

Na vida
não há equilíbrio.
Algum sucesso,
mais fracasso.

Tudo no meio
é transação.
Ou é isso,
ou o que disso.

Há evidência a relatar,
ou potencial a qualificar.

Quando não se oferece nada
além do próprio desencontro,
rodando como dentes de aço,
arrancando
uma história,
uma canção,
uma memória.

E no rastro desses momentos,
o assombro vira redemoinho,
uma sensação giratória de alegria
porque a descoberta
é a natureza
desalinhada do alinhamento.

É somente o criador,
que encontra
o que quer que seja,
o que poderia ser,
o que foi o isso
que ele nem sabia
no início.

Saúde, Noite

Aos céus azuis que devolvem o brilho.

Aos estranhos que viram amigos,
e aos amigos que viram estranhos.

Aos desajustados desafortunados,
bebendo cervejas felizes
sobre porta-copos encharcados.

Às rainhas que uivam para a lua,
enquanto príncipes observam
em paciente admiração.

Aos pés estilhaçados,
aos encontros do acaso,
e aos passeios inesperados das 3h da manhã.

À noite.
À próxima noite.
À luz que leva esta noite.
A todas as noites.
À noite.

Assim como o vento,
as pessoas te carregam para longe.

Lutar

Cheguei a um tempo em que já não preciso,
mas a segurança me parece estranha.
Até o menor obstáculo me tira do sério.

Eu luto por razões que ninguém entende
meus amigos,
minha namorada,
meu chefe,
minha família.

A agressão cresce.
Atormenta minha mente.
Às vezes me faz chorar
um vulcão subindo,
xarope vermelho escorrendo do canto dos olhos.

Um fósforo aceso brilha diante de mim.
Tudo que preciso fazer é apagá lo.
Mas eu observo.
O pavio enegrecido aumenta,
a disputa cai,
e eu espero o instante
em que a última luz vive.

Há serenidade na escuridão.
É selvagem.

O tempo inteiro tenho medo de ser exposto.
Ninguém nem sabe que aconteceu.
Eles sorriem.
Eu sorrio de volta.

Escondido atrás dos tempos
em que lutar era a única saída
eu retorno.

Às vezes é mais fácil
ser a pessoa que você já foi.

Eu amo o dinheiro,
mas odeio prover.
Eu amo beber,
mas odeio a ressaca.
Eu amo as mulheres,
mas odeio a dor de um coração partido.

Garotas Ricas

Garotas ricas não se preocupam com aluguel.

"Como você paga aluguel?"
"Eu não."
"Quem paga?"
"Meus avós."

Elas flanam pela semana,
bicos de babá viram amizades pagas.
Mestrados deslizam em viagens de uma semana
para a França, Espanha, Maui.
Uma tese engolida com matcha no brunch
"É a minha paixão, eu acho.
Eu nem sei se vale a pena."

Quão irônico é o valor de uma garota rica?

Garotas ricas se casam com garotos ricos.
Os garotos ricos enlouquecem por suas garotas ricas.
As garotas ricas adoram,
odeiam,
aceitam.

Mas garotas ricas gostam de caras como eu.
Os durões.
O tipo que está bem se elas estão aqui,
e bem se não estão.
Elas sempre querem ser queridas.
Elas não suportam meu desapego.

"Por que você é assim?
Todo cara se derrete por mim!"
Eu dou de ombros.
"Está tudo bem, amor. Vem cá."
Beijo sua testa,
o ponto de sossego
igualzinho ao que o papai dela fazia.

Mas o que penso é bem diferente.
Porque quando estão aqui, eu perco o sono
entretendo alguém cuja vida

é construída em estímulo instantâneo,
reação, agitação,
enquanto oferecem tão pouco.

Uma saga curada, resolvida num instante
ou esticada quando convém.
Que patético criar melodrama
só para matar o tempo.

E quando vão embora,
eu escrevo sobre elas.
Como agora.
Porque me fascinam de outro jeito.
Não é exatamente desejo...
claro, a gente transa.
Garotas ricas são mais abertas sexualmente,
talvez libertas pelo fato
de que se algo der errado,
tudo pode ser resolvido.
"Nenhum bebê pra mim ainda."
Nisso, concordamos.

O que me puxa para garotas ricas é outra coisa
o estranho motivo que elas têm para viver.
Nenhuma vontade verdadeira além de estar à deriva.
Elas não constroem. Apenas fazem.
Navegando pelos cenários sociais,
sem nunca achar o que procuram.
Como poderiam?
Elas sempre receberam tudo o que quiseram.

Segurança é uma estrada com faixas pintadas.
Sobrevivência é buraco, entulho, chão quebrado.
Garotas ricas gostam da ideia de sobreviver,
mas preferem o conforto do asfalto liso.
Elas permanecem presas ao estilo de vida que desprezam,
esperneando durante o próprio passeio.

Elas desejam ser miseráveis,
carregar algum trauma.
Algo que as definisse.

Mas não é a humanidade que as confunde.
É nunca terem precisado enfrentá-la.
Nunca vão.
Não saberiam suportar.
Mas eu sei.
E elas querem o que não podem ter.
E é justamente o que não podem obter
um cara bruto para moldar.
Ao contrário de suas amarras,
eu permaneço livre.

E às vezes, faíscas.
Momentos esquisitos
sentados nus no sofá,
uma tigela de M&Ms esquentada no micro-ondas,
assistindo a um documentário do Picasso.

É aí que garotas ricas se arruínam.
Porque todo o dinheiro do mundo
não consegue torná-las pobres.
Elas nunca se curvariam por você
mas em raros momentos, se curvam.
E nesses momentos, elas veem como é.

Mas ainda assim
custa ser livre.

Se relevância é tudo que vemos,
esquecemos de onde ela veio.

Sem arrependimentos.
Apenas memórias, momentos e talvezes.

Anatomia da Dúvida

Um homem solitário
permite-se pensar.
A incerteza embriaga sua alma.

Ele constrói um ecossistema
de caos e distração
fios deixados soltos.

As pressões sobem
rumo ao fim inevitável
supérfluo em retrospecto
ainda assim erguido com primor
sobre a fascinação,
sobre o medo,
sobre a solidão
do que ele pode revelar
ou do que talvez jamais nomeie.

Virtude do Risco

A consequência de estar seguro
é permanecer seguro.
E isso nunca se alinha
ao risco.

O risco é a única virtude
que vale o seu próprio vício.

Às vezes, ter uma aparência horrível é uma coisa boa.

Aviso de Privacidade

O cara me disse que sua placa era da Pensilvânia.
Eu disse, "Você mora na Pensilvânia?"
Ele disse, "Não, eu moro em Connecticut."
"Então por que a placa diferente?"
"Privacidade," ele disse.
"Os policiais não param placas de fora do estado."

Eu pensei,
Que babaca.

De que privacidade ele precisa?
Que segredos ele está guardando?
Que grande gesto exige esse manto de invisibilidade?

Ninguém quer te conhecer.
Ninguém está tentando entrar na sua vida.
Por que fariam?

O que você fez de tão magnífico?
Que fardo você carrega
que merece proteção dos olhos do mundo?

Será que a infraestrutura econômica
do país repousa nas suas mãos?
Você mal consegue pagar a gasolina.

Mas claro,
troque as placas,
trate de buscar privacidade,
trame sua própria anonimidade.

Que ótimo uso do tempo.
Tudo em nome da privacidade.

Privacidade,
o solilóquio do silêncio
para alguém desesperado por ser ouvido.

Eles constroem histórias de aflição
apenas para explicar suas evasões,
expondo seus próprios esquemas
a qualquer um burro o bastante para ouvir.

A qualquer um disposto a escutar.
A qualquer um que talvez se importe.
A qualquer um que talvez valide a luta
do grande guerreiro da privacidade.

Se você quer privacidade,
por que não está em um quarto escuro,
encurralado por garrafas de mijo,
recolhidas semanalmente por um homem que não dá a mínima?

Envie cartas a pé.
Sem selos.
Encontre pessoas cara a cara.
Sem telefones.
Use dinheiro vivo.
Sem cartão.
Passe fome.
Sem drive-thru
à meia-noite com hambúrguer, fritas e milkshake.

Câmeras por toda parte.
Recibos atrelados ao seu nome.
Se quiserem te encontrar, vão encontrar.

Não existe privacidade.
Nenhuma.

E os que mais tentam preservá-la
são muitas vezes os mais notados.

Enquanto o resto de nós,
aqueles que expõem a alma,
aqueles que tentam escrever algo decente,
somos mandados calar a boca.

Gente ocupada,
gente barulhenta,
ouvindo algum cara
se gabar de burlar o sistema,

Placas da Pensilvânia no seu Silverado.
Mas ele mora em Connecticut.

Médicos Não São Contadores de Histórias

Eu chamo os médicos
de recitadores prolíficos de regurgitação.

Eles não descobriram nada.
Só dizem o que já é conhecido,
já está por aí,
mas tomam como deles.

Eles não conseguem perceber meu papel;
foram ensinados que não era possível.
Mas eu simplesmente escrevo melhor.

Médicos não são contadores de histórias.
Eles são repórteres.

Eles relatam os fenômenos naturais da biologia,
o que estava lá antes deles,
o que estará lá com eles,
o que estará lá depois.

Lentos para começar,
rápidos para agarrar a glória,
e isso está no auge com meus médicos.
Um jeito de justificar o que estudaram,
definidos pelos parâmetros do diploma.

A única nota que apertam,
mesmo que a credibilidade falhe
no instante em que é entregue a eles.

Eles perdem a motivação
porque já a gastaram
apenas para dizer que o potencial é deles.

Mas poucos resistem à relutância.
Só esses se tornam deuses entre o bisturi.
A maioria se corta cedo demais.

Preferem ouvir que poderiam
do que mostrar que fizeram.

Essa é minha razão, eu suponho:
fazê-los parecer inteligentes.

Linha por linha,
eu limpo o lixo,
transformando as palavras deles em milagres.
As pessoas os veem como gênios,
e eu,
nunca saberão.
Porque não acreditariam de outra forma.

Quinze anos, quinhentas publicações,
e tudo que eu ganho é
"um bom organizador".

Dizem a eles, "Como você é inteligente por escrever isso."
E o que é inteligência, afinal,
além de permissão dos outros,
quase sempre iguais,
acenando dentro de hierarquias invisíveis.

Não é o elogio que me entristece,
é a percepção concedida,
presa frouxamente aos nomes deles em um manuscrito,
uma declaração sem criação.

Não, o que me enfurece é o mau uso das palavras.
Eles não são gênios.
Gênio não espera crédito.
Gênio não se apega a títulos.
Gênio não para nos limites de um diploma.

Mas o gênio nunca para.
Está ocupado demais com o próximo projeto,
o próximo artigo,
a tentativa sombria de criar arte.

O sentido nasce do conflito,
a verdadeira prova do gênio.
Mas não há gênios.
É um disfarce que nomeamos rápido demais.

Então quando você escrever um artigo sobre ciência,
fique no estudo,
não em si mesmo.

Balões para a Banalidade

Elogios sem sabor de grandeza
continuam a ser lançados
para as modestas noções
de mediocridade.

Que ausência de humanidade,
almas reduzidas a um artifício.

E para quê?
Uma ação.
Uma reação.
Uma maquinação para o esporte.

Um cara senta no metrô
com um microfone,
e de repente
é alguém que devemos ouvir.
"Eu concordo."
"Eu discordo."
O ohh e ahh da pasmaceira.

Vemos o mundo como cheio de sentido
quando somos jovens,
achando que teremos impacto,
que iremos contribuir.

Pensamos que o agora
deve significar mais
do que o que veio antes.
Então agarramos o presente,
canudos puxados em velocidade frenética.

"Tem que significar algo!"
"É diferente porque sou eu."
"É o nosso tempo."

Mas depois vemos
que fizemos muito pouco.
Oportunidade desperdiçada,
exigindo solidão,

ansiando por aceitação
daqueles que nunca aceitaram a si mesmos.

E então cansamos da caçada.
Primeiro sangramos,
despercebidos.
Depois isso nos esgota por completo.
Andamos com pouca vida restante.

Buscamos fugas.
Bebemos.
Drogamos.
Traímos.
Fazemos todas as coisas
que juramos não fazer.

E fazemos com vindicação,
como se os sussurros da manhã
dissessem que não tínhamos chance.

Ainda assim, interpretamos o papel.
Sorriso no comando.
Agradáveis,
irreconhecíveis
para nossos antigos eus.

Convencendo a nós mesmos,
convencendo os outros,
de que o que fazemos
é o que eles deveriam fazer.

O rebanho ruge
mais alto que qualquer estampido de búfalos.
A divisão entre sonhadores e realizadores
encolhe até nada.

"Pouca chance", eles dizem.

Quão cruel se torna
quando as visões de ontem
viram os sonhos dissipados de hoje.

Como a rocha sem arestas.
Como a flecha sem ponta.
Como a arma sem balas.

A casa de cartas desaba.
Uma peça faltando
e nossas entranhas derramam,
espatifadas na mesa,
o sangue secando
antes de formar poças.

Porque este é o maior problema que enfrentamos:
o conceito de rendição.
E nós o vestimos como vitória.
Esse é o pior lugar possível,
onde aplaudimos nosso próprio medo,
fracasso vestido de rendição,
aplausos chegando
como aceitação lenta.

Nossa cor pode brilhar,
mas seca como tinta.
Desbota com a estação.
Temos sorte
de receber uma nova camada.

A promessa vira presença
mais rápido do que deveria.
Em vez de resistir,
nos acomodamos ao padrão.

Antes um fio segurava nosso balão,
mas temos medo de subir,
medo de não ter sido o bastante.
Então doemos sozinhos,
incertos,
incapazes,
irreais.

E não podemos evitar
sentir alívio,
o alívio mais triste,
não mais exigidos,
não mais respirando
no espetáculo.

Esperamos pelo alfinete.
Uma perfuração.
Ar sumido.
Finalmente.

Os balões da banalidade
flutuam,
vazios,
desaparecem.

Falhe valentemente, com riso e humildade,
para que o céu arda vermelho de fúria
e fique preto de admiração.

A voz dela era uma pena
que encontrou o vento
do jeito certo
e seguiu para sempre.

Entre, Mas Não de Lá

Sempre senti
como se estivesse observando.

Observando pessoas,
lugares,
interações,
suas preocupações,
suas alegrias,
seus desejos.

Sempre observando.

A parte difícil
é que sempre me sinto deslocado,
mesmo quando sou acolhido
de braços abertos.

Não sou firme,
por isso prefiro assistir.
Acho mais interessante.

E eu me pergunto
será que algum dia pertencerei?

O atrito é o que alimenta as chamas do fogo.

Folha Doce

Eu vi meu melhor eu
nos olhos castanhos dela.
Do jeito que sempre esperei
ser visto.

Segurei a mão dela diferente depois disso.
Apertei de leve.
Como se dissesse
que podíamos nos sustentar.

O nosso primeiro beijo não foi truque.
Não foi jogo,
nem caso passageiro,
nem desespero.

Foi crença.
Um tropeço em direção à confiança.

Primeiros encontros não costumam dar isso.

Mas às vezes
o choque acende,
as faíscas estalam,
o fogo atravessa você,
e o passado desmorona.

Esteja preparado quando acontecer.
O para sempre não espera.

Você pode estar sóbrio
mas ainda assim ficar bêbado.

Combata a ignorância afável
com uma genialidade sutil.

Hashis Baratos

A mente de uma mulher
é seu próprio dilema,
frágil como hashis baratos,
quebrando sob a armadilha que ela mesma cria.

Ela busca estabilidade por dentro,
mas deseja caos por fora.

Sensível, porque está presa.
Instigante, porque não sabe fugir.
Sombria e bela, porque o mistério sempre morde de volta.

Estações em uma Tigela

É um primeiro encontro.

A garota Russa é deslumbrante.
Mas eu noto a tigela de arroz
mais do que noto ela,
ali entre nós.
O arroz solta vapor,
mas os grãos,
de longe,
parecem flocos frios de neve,
fundidos em uma tigela inclinada,
cinzenta, brilhante, serena.

E o arroz me lembra
os invernos no Maine,
uma viagem de um dia
com um amigo da faculdade
que quebrou a clavícula.
A patrulha de esqui veio,
nos levou de trenó até a base,
o ergueu.
Eu dirigi de volta para casa.
Naquele ano,
a estação
foi interrompida.

Penso sempre nisso,
ou em qualquer estação
em que perdemos algo,
em que outra coisa,
até mesmo uma lesão,
ganha prioridade.

E penso na mulher à minha frente,
e em como não vou perder a nossa estação.
Quem sabe aonde isso vai dar,
quão duvidosa é a nossa magia
quando enxergamos através das inibições.

Ela me pergunta qual é o meu lema de vida.
Eu digo que é se *comprometer primeiro, convencer depois.*
Ela gosta disso.
Pensa em todas as vezes
em que não se comprometeu.

E então ela diz,
"Quer um pouco de arroz?"

E eu respondo,
"Não precisa me convencer."

A Agonia do Ordinário

Quero estar perto de pessoas que são más.
Não as que são maliciosas, não.
Mas as que são interessantes.

Às vezes a velocidade da vida desacelera
até uma palidez tediosa.
Uma rede de segurança de rendilhado,
a jaula da conformidade.
Alimentados por migalhas,
famintos por convencionalidade.

Eles dizem que querem *algo,*
mas que coisa extraordinária trouxeram?

Nada, quase sempre.
Promessa falsa.
Nem mesmo uma mentira.
Ao menos a mentira excita.
Mas a empresa de tecnologia,
a firma de contabilidade,
o carrossel de merda das taxas de juros,
isso não é surpreendente.

Ainda assim imploram para que alguém os excite.
Mas vocês não são excitantes.

Trabalhar para a Microsoft? Não é excitante.
Aquelas leggings de oncinha que o Instagram te vendeu? Não são excitantes.
Aquela tatuagem que você fez na Costa Rica há quinze anos?
Não é excitante.

O que é excitante é a intriga.
Projetos a protegem.
Sentar ao maldito teclado,
despejar suas entranhas antes que apodreçam.
Nos mostre.
Não nos conte.
Criações raramente dão respostas,
mas ao menos guardam um motivo.

Queime um buraco em nossos cérebros.

As mulheres dirão que querem um cara
que se destaque,
mas muitas vezes ele falha,
como elas,
sentados no banco da potencialidade,
conversas infinitas sobre
o que poderia ser feito
se realmente quisessem.

As mulheres se preparam para o descarte,
bem quando o trabalho está pronto,
no momento em que ele mais precisa dela.
Quando a angústia dele enfraquece,
ela se sente menor que o trabalho.

Então ela vai embora.

Ela encontra alguém mais seguro,
volta para o campo de papoulas da potencialidade.
Até encontrar um perdedor que nunca realiza seu sonho.
Então, opa. Uma criança. Um cachorro. Uma casa.
Agora nada mais pode ser feito.

E de algum modo isso é diferente?

Até onde uma risada pode nos levar,
quando ela empurra para mais longe,
nossa própria traição interior
banhando-se em sua própria vitória.

Droga.
Acomodados.
Salvos da obscuridade.
O sonho oco,
uma torneira pingando sem parar,
existência barganhada,
passos inevitáveis repetidos.

Quão obediente alguém se torna
quando percebe que sua raridade se foi.

Em vez de confessar,
tentam nos transformar neles,
para preservar o que se tornaram,
e matar aqueles que um dia foram como eles.
Então alguns de nós se revoltam.
Quando não há voz, nem fuga possível.
Quando você não pode convencê los de seu modo de vida,
não resta nada além de escrever.

Ao menos então,
você matou um dragão.
Uma vitória silenciosa
entre o tédio deles.

Eles serão ouvidos. Exigem isso.
Gostam do som das próprias vozes,
embora o silêncio explicasse tudo.
Jogado ao nada,
vidas rotineiras às quais se agarram.
Correndo. Exaustos.
Mostrando devoção
festas de aniversário,
dias no zoológico,
biscoitos de feriado em plástico transparente
vidas perfeitas encenadas sob luz fluorescente.

Sem espaço para sentar, ou dormir, ou dizer algo.
Um som que estilhaça, imposto aos outros.
Como se fosse certo
caminhar na trilha do ordinário.

"Uma decisão impressionante que tomamos."

Será?
Não tenho tanta certeza.

O ordinário é agonia.

Viver no limbo te deixa sem vantagem nenhuma.

Sacolas Plásticas nos Galhos

Os pesos nos puxam para baixo,
estáveis, instáveis,
prontos para romper sem aviso.

Nós acrescentamos mais.
Tomamos mais.
Vemos menos.

O começo é plano,
os picos recentes—
até que tudo se compacta.

Puxados pela alça,
o elástico estala.
Tudo se vai,
espalhado pela calçada,
e é a melhor sensação que já tivemos.

A pressão se rompe,
a inferioridade crescente some.
O ar nos ergue.

Voando, nos enrolamos em um galho,
retorcidos, gastos,
nossas fibras esticadas.

O galho espera para soltar,
assim como nós fizemos,
do mesmo modo de antes.

Até estarmos livres para voar,
sem cordas nos prendendo.

Encontre sua fuga eterna
além do ordinário.

Eu não sei nada
isso eu sei com certeza.

O Eclipse Ardente

Fumantes são amantes do risco.
Eles acendem,
sabendo que a cada tragada
chegam mais perto da morte.

Talvez eles tenham entendido tudo
as bebedeiras tardias,
as manchas magenta sob os olhos,
os fantasmas da noite,
a congregação
em torno de uma chama morrendo.

Corrida e pompa.

A vida nunca pareceu tão baixa,
tão grande,
tão excitante.

Talvez o fumante
tenha entendido tudo.
Eu queria entender.
Eu queria que alguém entendesse.

Tempestades de Areia em Nossa Mente

A reputação é um fantasma na areia
um espectro que nos tornamos desde o nascimento.

Quão rápido minguamos,
adorando o devorador de dunas
mirando um alvo imaginário,
fechando o cerco sobre nós.

Acreditamos na ilusão,
tudo pela busca da vaidade.
Escorrendo de volta pelo sofrimento,
fugindo veloz da existência,
antes de sermos criticados
e rasgados pelas presas da multidão.

Mas suportamos.
Desmoralizados por alguma figura cuspideira
melhor mutilados na carne
do que sepultados na mente.

O trauma cimenta nosso caos
um rosto imóvel e seguro,
um castelo de areia que nunca encontra o mar.

A responsabilidade faz pose
e passamos a carga
a outros em órbita,
à inteligência artificial,
nosso bode expiatório resoluto.

Não foi sempre
alguém mais para culpar?
Se isso fosse verdade,
por que ainda idolatramos?

Não nós, de jeito nenhum.

Por que recuar, de novo e de novo,
do fantasma na areia?
Nos afastamos da verdade
por causa do monstro.

Por dentro, estamos explodindo.
Por fora, pálidos como o fantasma
uma tela em branco
que permanece em branco.
Nenhuma cor para pintar com os dedos.
Se pintássemos,
nossas mãos estariam cheias apenas de areia.

Mais humor.
Menos mau humor.

Nada Desperdiçado

Não suje a mente.
Não desperdice as ilusões
que você tenta transformar em realidades.

Um dia, a inovação foi fantasia.
O tolo que ousou virou aviador.
Homens e mulheres selvagens acreditaram em asas.

Não suje o desejo.
Não descarte o sonho,
a força que exige explorar.

A estrada está cheia de rachaduras
para o olhar atento.
Os detalhes se aprofundam
através da atenção.

Siga-os
direto para os dentes enferrujados do destino.

Um Elo por uma Brecha

Alguns de nós têm elos;
a maioria tem brechas.

Algumas pessoas viram médicas
porque suas famílias são donas dos hospitais.
Outras cavam seus caminhos em certas áreas
através de trabalho bruto,
até que esse trabalho brilhe como uma joia em seus olhos,
e então é arrancado dos nossos
antes mesmo de o perdermos de vista.
E nós ficamos ali,
cavando por outra brecha.

Os que têm elos nunca suam.
Seus currículos são costurados em ouro
antes mesmo de escreverem uma palavra.
Eles entram em escritórios,
chamam isso de destino,
quando na verdade é um suborno de sangue.
Seus erros são perdoados,
sua incompetência
apenas chamada de "potencial."

O povo das brechas?
Construímos escadas com tábuas quebradas.
Nossos elos são madrugadas,
bicos paralelos,
aluguel barato em porões mordidos por ratos.
Sobrevivemos de fita adesiva e cafeína,
de talvez no ano que vem,
de se eu tiver sorte.

Os que têm elos acham que luta
é escolher entre caviar e lagosta
no retiro da empresa.
O povo das brechas acha que luta
é a conta de luz vencendo na Sexta
e um chefe que diz
"Seja grato por estar aqui."

Os pensadores ficam no alto das torres,
preocupados com suas palavras,
com o que soa ignorante,
com o que pode prejudicar uma reputação,
como se a própria reputação
não fosse apenas mais uma herança.

Enquanto isso, os caçadores de brechas
são chamados de imprudentes,
de desesperados,
de tolos.
Mas seguimos em frente,
pelas fendas,
pelas portas dos fundos,
pelos espaços
onde os elos não alcançam.

E às vezes,
quando você passa por brechas suficientes,
você vira o elo.
Porque as brechas podem não durar para sempre,
mas são nossas.

E isso basta.

Nunca precisamos de permissão.

Ensopado de Merda de Cachorro

Criamos mais problemas
tentando resolver soluções
do que resolver problemas de verdade,
tudo em nome de alguém
impor seus ideais
como a melhor forma de lidar com as coisas.

Se funcionou antes,
por que não agora?
"Os tempos mudaram."
"Esse é o jeito antigo."
"Não é novo."
Desculpas. Todas elas.

A verdade?
Estamos entediados.

Achamos que nossa opinião importa.
Não pensamos, não refletimos, não rumamos ideias.
Apenas dizemos o que dizemos
pelo esporte e pelo entretenimento.

Ansiamos pela atenção
vinda de elogios frívolos de colegas.
Achamos que precisamos
acompanhar nossos contemporâneos.

Obcecados por um desastre
que nem aconteceu.
Inventamos tragédias
para desfilar nossas soluções,
tudo em nome de sermos salvadores.

Enquanto evitamos
o verdadeiro problema—nós:
Quem somos,
quem nos tornamos no processo.

Ainda assim, insistentes,
gritando independência.
Mas tudo isso é

falso.
forjado.
oco.

Um bolso cheio de impostores,
todos despencam.
Nem fortes,
nem corajosos,
nem ousados.
Fracos, instáveis,
desesperados por alívio.

Desabando no instante em que nos dizem o que fazer.

Afogando em ensopado de merda de cachorro,
gasolina despejada,
fervido para queimar,
explodido,
e de algum modo resgatado
por nossa indulgência na ignorância.

Aplaudimos para afastar.
Perdoamos a nós mesmos.
Importamos, dizemos,
mas não importamos.

Somos só produtos,
o aperto da tecnologia na psique,
lavagem cerebral corporativa,
cultura fracassada fantasiada de influência,
Domingos de espaguete,
cerveja artesanal,
chás revelação,
criptomoedas,
vídeos do Instagram,
e um café gelado do Dunkin'.

Toda a imundície em que acreditamos,
e se nada mais sobrar,
acharemos um problema ali também.

Cavaleiros Sem Cabeça que Falam

O juízo moral agora repousa
sobre um único critério:
relevância.

E com isso,
a morte da crença.

A crença em Deus,
antes definitiva, desfeita,
arremessada como o script de um vendedor de carros usados.

A crença em si mesmo,
rebeldia encolhida em convenção,
a identidade apagada na mesmice.

A crença na sociedade,
comunidade vestida de mercadoria,
o estar juntos encenado como estética.

A tecnologia se insinua,
como a substituta definitiva.
Toma prazer e devolve poder,
ostentando controle
sob o domínio de comitês.
Eles ditam como, por que, quando agir,
a vida reduzida a insinuações.

Tudo isso nasce
de uma fome por permissão.
Ansiamos por receber ordens.
Não o desejo ditando a permissão,
mas a permissão moldando o desejo.

Mas relevância não é arte.
A criação exige conflito,
não violento,
mas um combate interno.

Mesmo que a solidão precise de tempo para se tornar,
vale a pena esperar.
O ritmo é nossa prioridade.

Só a paciência nos liberta.

Caso contrário,
almas perdidas são apagadas.
Lavadas
no calor barato da visibilidade.

Há urgência no agora,
embora a verdade
exija silêncio,
exija estações.

Mas por que tanta impaciência?
Para provar a própria existência?
Para ser visto como sempre existimos?

Você nunca pensou tão fundo nisso,
até agora.

Porque sua vida virou
conveniente, baseada em métricas, materialista.

Até a saúde ganha atalhos,
uma pílula para desempenho,
não para a vida.
Corpos moldados para exibição,
não para força.

E então dizem a você:
É assim que a relevância se parece.
É assim que você deve parecer.
Falar como.
Pensar como.
Ser como.

Até que a cabeça falante desmorone.
Os cavaleiros galopem.
Uma nação apodreça em seu canto.

E quando todos são forçados a pensar igual,
o destoante sempre é abatido,
ou, no fim,
é ele quem se mata.

A grandeza ofende os medíocres.
Por isso a amordaçamos
a menos que ela espreite pelo buraco da fechadura
da empatia.

Bolhas de Sabão e Aniversários

O flamingo rosa balançava
sob o salgueiro no Brooklyn.

Meninos e meninas formavam fila, retos,
enquanto a máquina de bolhas de sabão girava e agitava orbes.

Cada uma quase estourava
ao passar pelos rostos das crianças.
Baguetes e brie douravam na mesa de piquenique.
Mães e pais aguardavam,
procurando um jeito
de fazer daquele aniversário
um grande aniversário.

Eu observava de uma curta distância.
A declividade da colina coberta de grama
formava um pequeno anfiteatro em torno da cena.

As bolhas de sabão flutuavam além de mim.
De vez em quando eu desviava,
assim como a piñata escapava
do ataque da criança de três anos.

O bastão era mais alto
que até a mais alta das crianças.

O desfile de crianças clamava
pelo centro de doces.
E quando o golpe final abriu o flamingo,
as joias de açúcar se espalharam.

As bolhas de sabão estouraram em rostos
e se enroscaram em cabelos.

Uma bolha de sabão veio na minha direção,
mais lenta que as outras,
suspensa,
como se me desafiasse a assoprar.

Mas ela não queria voar embora.
Pousou ao meu lado,
segurando-se na folha mais verde
antes de estourar.

Sorri e pensei
até a próxima piñata,
até a próxima bolha de sabão,
até o próximo aniversário.

E Assim Somos Nós

Há uma pausa estreita em Dumbo,
o centro que ergue os olhos para a Ponte do Brooklyn.
Logo depois da esquina do carrossel,
fora das ruas de paralelepípedos.

O pôr do sol se aproxima.
Trabalhadores do turno tardio se misturam a turistas
vindos do Battery Park ou de Pequim,
espalhados como joaninhas polidas,
disputando um lugar na balsa.

Logo o funcionário escaneia os bilhetes.
Uma corrida para o deque superior
assentos limitados, vistas limitadas,
experiências limitadas.
Os novatos querem absorver tudo.
Os veteranos só querem dormir.

Até o banqueiro destroçado sabe das horas.
A costureira de Astoria só quer voltar para casa.
Uma garçonete pensa no novo amante
recém-saído de Wall Street.

A balsa é um relicário de aventura,
um breve "e se" de estar perdido no mar.
Mas esses cidadãos correm para sentar,
rolar a tela do celular, deslizar para a esquerda,
ofegar diante de algum vídeo de dança,
ler uma frase de um artigo
e achar que basta,
comentar com um emoji,
alimentando o gigante da mídia moderna.

Então a buzina soa
a balsa corta a água
como uma faca em uma melancia,
casca rangendo, suco escorrendo.
Avançamos pela turbulência da terra
para o abismo do rio.
Ratos no cimento nos observam passar.

Os ossos antigos do Domino Park,
a fábrica de açúcar transformada em academia,
o vendedor de tacos acena
o dia todo, todos os dias,
propaganda gratuita como o relógio idiota
que acerta duas vezes,
embora seus ponteiros
sempre corram mais rápido que o tempo.

E a garota comigo
não tenho certeza se ela vai durar.
Nossas vidas atrapalham o romance.
Todo amor se arruína
ao tentar se decifrar.
Mas a balsa não pensa,
a água sobe do mesmo jeito
que sempre subiu.

Um homem negro pergunta qual prédio está à frente.
"O Empire State", eu respondo.
Fácil, mas bom de saber.
Quatorze anos de aluguel
compram o direito da certeza.

A balsa sacode,
a chuva cai, gotas escorrem da cabeça aos pés.
O molhado em toda parte rígido, inabalável
ainda assim, seguimos.
Um tubo translúcido de névoa,
um letreiro neon distante de qualquer outro lugar.
Mas não chegamos à Rua 34.
A maioria desembarca.
Poucos vão ao Queens.
Nós vamos.

O estalo acontece,
deixamos o cais novamente.
Tudo isso sob o olhar atento
de um capitão ou de um timoneiro
encostado no sistema de navegação do dia.

Agora é noite.
A chuva cessa.
Tão monótonos quanto gaivotas,
as horas passaram iguais para nós
e para séculos antes.
Setenta anos se tivermos sorte,
mas a tecnologia transcende
como o amor,
algo que pensamos começar conosco
mas que sempre existiu antes,
e existirá depois.

A garota de cabelos escuros
talvez apenas outra cascata que se apaga.
Ou talvez não.
Ainda não decidimos.
Por ora o motor ruge,
navegamos,
nos beijamos porque
é uma coisa bonita de fazer num barco.

As luzes da cidade acendem maravilhas antigas.
Nunca serão tão novas quanto são para nós.
Então mantemos assim.
Ela me mantém ao seu modo.
Eu a mantenho ao meu.

Astoria enfim.
A travessia termina.
E assim somos nós.

Viva agora. Morra depois.
Você vai de qualquer jeito.

Framboesas Selvagens

Tudo o que temos são nossas histórias.
Preserve-as. Vista-as de ouro.
Conte-as a quem quiser ouvir.
Pois histórias são as framboesas da vida.

Nunca será o bastante,
mas melhor alguma coisa do que nada.

Com Gesso no Rosto

Que vida vazia vivemos
quando a alma é arrancada
e vendida de volta a nós
em fragmentos curados.

Performance lançada
como uma tragédia fora do corpo,
a feiura do mundo
refletida em rostos que já admiramos
aqueles que esperávamos
que nos vissem,
falassem conosco
em visão, som e graça.

Mas eles não veem.
Nunca viram.

Esse é o luto,
o tipo que mói o valor até virar pó,
espalhado fino no rosto da inveja,
como gesso moldado por mãos
que ninguém lembra.

E ainda assim o luto, cruel como é,
às vezes te liberta.

Talvez até as estéticas mais populares
estejam destinadas a ser contestadas no tempo.
O valor vaza pelas rachaduras,
espreita pelo buraco da fechadura
de portas trancadas pela classe dominante
que fica lá dentro como um clã,
decidindo o que será visto
e o que ficará esquecido.

O que importa notar
não é apenas o machucado da rejeição pessoal
mas sim o aviso maior.

A cultura sempre retorna.
Até a rebelião é vendida,
reaquecida,
reembalada
uma revolução alugada por hora.

Mas existe outro tipo
mais quieto, menos adornado.
Ganho.
Cambaleante pela tempestade
sem aplausos.
Esse é o que dura.

Não seremos os primeiros.
As ruas têm história.
Caminhamos ao lado de nomes.
Nos tornamos o que já se tornou antes.

Mas não te aflijas
até o fracasso deixa uma história.
Muitos vivem a vida inteira
sem uma.

Mas você e eu
temos a nossa.

E se você não tem uma,
qual é o sentido?

Chocado pelo Gozo

Sexo não é um elixir.
É um eliminador.
Grandes homens perderam grandezas.
Mulheres fortes, sua vontade.

Sexo é escapismo
do lugar onde estávamos antes.
Carregamos o peso de existir
só para nos distrairmos com o desejo.

Nenhuma força dissolve o sonho do eu
como perseguir validação pelo sexo.
O pintor jura por ele.
O poeta o despreza.
O contador depende dele.

Não é a alma que queremos tocada
mas a carne.
Usamos o corpo do outro para preencher o nosso,
reduzimos o deles a prazer,
reduzimos o nosso a prova.

E que visão.
As pétalas rosadas de uma mulher,
uma jornada até a eternidade.
O controle do homem só treme,
por dentro e por fora.

Que tédio ser ele.
Que tédio ser humano.

Antes, éramos impenetráveis.
Mas não vivemos sem isso.
O instinto.
O sangue.
Os hormônios.
Um pote de ouro.

Mas o ouro é para tolos.
E nós somos tolos pelo sexo.
Ainda assim, claro, é bom.

Não é?

A sedução da sensação
nos afasta da coragem.
O último refúgio do ego
nosso corpo, aberto para ser tomado.

Até os mais inteligentes,
os mais ricos,
os mais tolos
todos caem presa
à música do corpo.

A voz fala,
mas não ouvimos.
Só deixamos entrar.
Como a miséria de alguém.

Até o orgasmo.
Nossos cérebros
chocados pelo gozo.

E então a clareza.
Como antes.
Antes de gozarmos.
Antes do sexo.
Acabou agora.

Até ficarmos inseguros,
chamarmos de tesão
e irmos para outra rodada.

Porque se alguém quer nos foder
certamente significa algo.
Achamos que sim.
Rezamos que sim.

Mas é só a fusão.
Calor entre corpos,
esperando a explosão.

Mas muitas vezes
a verdadeira explosão
aquela em que você surpreende a si mesmo
você perde.

Porque prefere ser fodido
e doer
do que resistir
e criar.

Mas não se aflija.
É assim que a maioria termina.
Longe do que um dia os excitou,
e mais perto apenas
de alguém
que deixou para trás
algo parecido.

Apenas para ser tocado.

Nada é tão decisivo quanto o presente
até que o amanhã chegue.

Terra Editorial Devastada

Uma letra.
Uma letra—repita.
Uma palavra.
Uma palavra—repita.
Uma frase.
Uma frase—repita.
Um parágrafo.
Um parágrafo—repita.
Uma página.
Uma página—repita.
Uma história.
Uma história—repita.

Desperdiçada.
Até que nada reste.

A rejeição alimenta a força
para provar ao mundo que ele está errado.

Ele Permanece

Talvez eu seja um dos últimos renegados.

Eu faço o trabalho.
Eu tento fazê-lo bem.
Sento no meu próprio lodo de negação,
perguntando se tenho o que é preciso,
sabendo o tempo todo
como seria fácil me render.

Mas eu não posso me render.
Eu não posso parar de escrever
e se a frase perfeita estiver lá fora?

Que angústia eu não desejaria a você:
a maré dos meus pensamentos,
já velhos quando saem,
ainda assim, de algum modo, outros novos entram.

Então escrevo incessantemente,
horrorizado com a possibilidade de esquecer,
horrorizado com a possibilidade de lembrar.

O pêndulo balança para lá e para cá:
que não será bom o bastante,
que deve haver mais para encontrar.

Enquanto isso
eu poderia virar as costas ao sofrimento.
Dizem que não importa.
"Por que se importar?"
"O que você ganha com isso?"

Mais do que eles sabem.
Mais do que eu jamais saberei.

Qualquer coisinha que se torne nossa,
até a melodia mais tênue é nobre.

Guarde o que é seu.
Resista ao impulso.
Não se entorpeça

nem se torne o respingo
do status quo.
Há tinta demais derramada no mundo.
A maior parte beijou um anel.

Os que não são renegados
enganosos, azedos,
perdidos nos caminhos
do abraço da rendição.

Seus espíritos vendidos.
Não sei onde se compra um.
Eu só recebi um de presente.
Nenhuma quantia de patrimônio poderia tirá-lo.
É a única coisa que sei, com certeza,
que estará no meu túmulo.

Então vá além de tomar.
Mostre do que você é feito.
Construa de modo que fique bem feito.
Faça. Faça. Faça mesmo assim.

Detalhes menores nos desgastam.
O sentido vale mais do que os erros.
Não se perca em condicionamentos triviais.

A raridade não é a própria existência.
É como você molda sua busca.

Talvez você veja a autodescoberta
como um truque,
uma performance da vida,
onde academia, métricas e filosofia colidem,
desajeitadas como o primeiro agarrar de uma criança.

E daí.
Continue buscando.

Mesmo quando a prova está lá,
outros podem se recusar a olhar.
Ainda assim, quando o renegado é ignorado,
ele sabe que está lá.

A celebração do renegado é solitária.
Prova contra o sistema
que ele quebrou
e quebra de novo.

Agarre se a essa prova.
É a única coisa que temos.
Não importa seu fardo,
não é você que está ferrado,
é a recusa do renegado.

Até cowboys já foram heróis—
santos que já não recebem louvor.

Um caminho que deixou muitos homens quebrados,
um fardo que virou maldição,
depois angústia,
depois privilégio.

Independência rude
traída pela cultura que a gerou,
desprezada na memória das próprias botas.

E esquecemos a glória da busca.
Pois sem busca,
não há vontade.
E sem vontade,
não há canto final.

Ele permanece.
Ele permanecerá,
até para o último renegado.

Devemos vender nossa alma
apenas para comprá-la de volta?

Como Lidar com Isso

O curso do progresso
tropeça em si mesmo
porque as pessoas não conseguem ouvir,
não querem ler,
recusam seguir instruções.

Mas claro. Invente tudo.
Sem problema, faça do seu jeito.
Não siga as instruções comprovadas.

Algum método improvisado
que você juntou às pressas
porque lhe dá autoridade,
uma chance de reescrever as regras
sem um único histórico que sustente.

"Eu não entendi."
Claro que não entendeu.
Não porque não estivesse claro
mas porque você nunca se deu ao trabalho de olhar.

"Pensei que você quis dizer..."
Não. Você não pensou nada.
Você quis fazer do seu jeito
ignorando o que já estava estabelecido.

"Não é assim que eu faria."
A roda já estava construída apenas empurre.
Pediram para você virar a manivela,
não criticar o giro.

"Imaginei que você queria iniciativa."
Não, eu não pedi para você imaginar nada.
Eu queria precisão.
Eu queria o trabalho feito.

"Vou fazer do meu jeito. Você vai entender."
Obrigado pela bagunça.
Obrigado por ignorar quinze anos de refinamento,
tijolo por tijolo,
para fingir que seu atalho importava.

Não, seus sentimentos não podem quebrar isso.
Não, seus atalhos não podem apagar isso.
E não
nem mesmo a IA pode salvar você.

As instruções não estavam confusas.
Você estava.

Da próxima vez
leia a porra das minhas instruções.

Fama

Sucesso → Destr ição
Grande Oportunidade → Destruição
Perseverar → Dest u ção
Erro → Des u ão
Construir → De   u   o
Buscar → D   u
Perseguir →   u

Seu rosto público
não é sua prioridade privada.

Devoção

Nós consideramos que a devoção
nos concede o dom da
recepção,
do reconhecimento,
e da realeza.

Então nos casamos.
Temos filhos.
Trabalhamos vinte anos.
E tudo isso,
impressionamos como um rito de passagem,
por meio de alguma ilusão ampliada de sentido.

Mas não precisamos de mais do ordinário.
Não precisamos de devoção
às convenções da sociedade.
Não.
Eles já tiveram o bastante
do nosso tempo,
da nossa graça,
da nossa alma.

Um cemitério grita mediocridade,
e nós o visitamos de vez em quando
para nos lembrar
de que não estamos tão mal quanto eles.
Que fomos mais do que isso.

Mas é mais?
Ou é a mesma reprise,
de novo em exibição,
mesma trama,
as mesmas pessoas,
apenas rostos diferentes,
temendo o arrependimento inevitável da vida comum.

Eu já vi um homem com potencial.
Hoje vejo uma multidão cheia de merda.
É a devoção à norma que nos adoeceu,
como um cachorro preso a uma coleira num quintal cercado,
amplo, ondulado,

livre para explorar,
mas preso num canto,
onde a terra se mistura e vira lama.

O desgraçado só
quer se libertar.
Como nós,
de novo e de novo.
Faríamos qualquer coisa
para agarrar a vivacidade
que um dia declaramos que aconteceria.

Então que se fodam
se questionarem sua lealdade.
Isso nunca importou mesmo.
A cova
é o lugar mais silencioso para críticos.
Eles só estiveram vivos
quando nos convenceram
de que eram devotados.

Ela é terrível, mas eu quero mais.

Voando Sem Penas

As pessoas querem ser testemunhadas,
mas influenciar as massas permanece um conceito isolado.
Uma conexão verdadeira não fere mais do que qualquer agulha?
Quando uma brisa fria levanta os pelos do seu braço.
Um arrepio, tão cru, que deixa cicatriz.
Uma falha tão autêntica que se pode beijar.

E quando você encontra essa pessoa,
o caos do mundo desacelera.
Os lampejos de inadequação desaparecem.
Céu e rostos brilham vermelhos de fogo,
e o propósito se apresenta.

Nossa vida se torna algo para eles testemunharem.
Eles atravessam a vida,
ansiando que alguém veja sua grandeza.
A profundidade do nosso vínculo permanece um mistério
para eles.

Eu voo.
Eu voo por você.
Eu voo sem penas.

Mais Vivo Que o Nascimento

Nada está vivo
quando é limpo.

As manchas no nosso rosto
limpas pela expectativa.
E depois que são limpas,
nos tornamos o esperado—
a vida padronizada
que apaga a natureza viva
do que poderia ou seria.

Queremos ser úteis,
então obedecemos.
Mas trocamos o desejo—
o que uma vez quisemos, desaparece.

E nos lugares esfarrapados ao redor do mundo,
o licor,
as drogas,
os trabalhadores do sexo,
não estão em nenhum desespero.
Eles podem dizer que sim.
Mas vivem na alegria viva
da liberdade.
Da chance e da maravilha.
Do triunfo e da decepção.
Da brevidade e da queima.

Como mentirosos que acreditam em seus esquemas,
porque muitas vezes falham,
mas de vez em quando
dá certo.
E quando dá,
é mais vivo do que o seu momento de nascimento.
Porque até o nascimento era esperado.

Mas as chances depois disso?
Tudo depende do destino.

A maior parte da vida não precisa ser explicada,
simplesmente sua descrição basta para nossa razão.
Então o barulho da vida nos mantém indo,
uma turbulência pela qual sangramos.

Onde podemos aprender algo novo.
Onde podemos conhecer alguém novo.
Onde podemos nos transformar em algo novo.

Para os espectadores,
nos lugares seguros em que vivem,
é seguro lá.
Mas é só lá.
Nunca será mais
do que o que está estruturado para ser.
É o seu último lugar,
feito.

Não haverá mais nada
a não ser a morte.
E até isso
será
esperado.

Corra, ser selvagem, corra.

Aveia de Aço

Sem vulgaridade,
como poderia o homem obediente
virar as costas ao compromisso
para se definir pela contradição?

Quando a ruína da classe trabalhadora
se transforma em rebelião espiritual,
você aprende a verdade mais cruel:
a segurança mata a alma
muito antes do que a luta.

Xarope Escorre de Lado

Homens crescem para virar deuses ou fantasmas.
A região participa dessa decisão.

Alguns conhecem lugares onde homens juntam paletes por
alguns trocados,
praguejam entre dentes,
e falam apenas das coisas
que conseguem consertar com as mãos.

Outros aprendem a cobrar taxas por mais dinheiro,
praguejam apenas em pensamento,
e falam de nada que não possa ser consertado
pelo homem que junta paletes.

Poucos de nós seguem adiante do solo feito de
fuligem, açúcar e espírito.
É ali que se aprende ritmo nas correias transportadoras
e compaixão no cansaço.

Sem que percebêssemos,
outros garotos calculavam estatísticas,
andando pela vida por calibração métrica.

Mesmo quando nos aproximamos desse mundo,
não conseguimos largar o instinto,
a capacidade de medir emoção.
Sabemos como a raiva atravessa um cômodo,
como o silêncio se estica entre frases,
como o amor pode soar como uma porta batendo.

Isso deixa um homem perdido em cenários novos,
puxado entre estabilidade e autossabotagem,
preso no cruzamento entre convenção e convicção.
A maioria envelhece e olha para trás,
outros seguem em frente.

Nós nos oferecemos a esse peso.

Um atrito entre ordem e convulsão,
entre ambição e colapso.

Cheira a vapor de metrô e elogios fúnebres molhados de chuva,
a suor transformado em goles de sintaxe.

Cada verso parece merecido,
pago no aluguel noturno da solidão.

Há uma linha fina
entre o gênio torturado
e o homem comum torturado.
Ambos pagam contas,
limpam a própria bunda,
e rezam para não se matarem.

Raramente um homem carrega sensibilidade e intensidade,
nós dos dedos roxos, coração roxo,
e ainda assim golpeando.

Somos o melhor e o pior,
feitos por nós, assombrados por nós, conscientes de nós.

O que você não vê é o nosso medo:
essa busca por algo
sempre escapando por um triz:
verdade, sentido, talvez redenção.
Ainda assim pulsamos com essa busca,
partes iguais de rebelião e renovação,
partes desiguais de decadência e desafio.

Mas não posamos porra nenhuma.

Recusamos o seu jogo.
Vivemos o tipo de vida
que a maioria ainda finge escrever.
Parte fora da lei. Parte filósofo.
Cruzamos o mundo
como homens alérgicos à permissão,
sangrando honestidade em cada decisão
até doer do jeito certo.

E cai como xarope de bordo,
de lado, em fio lento.
Nada para admirar,
mas o suficiente para continuar vivo.

E quando você nos encontra,
sente isso também,
a fumaça, a aspereza, a fome, a dor.

Prova de que suas métricas nunca disseram muito,
ainda existem homens que medem a vida pelo que sentem,
não pelo que ganham.

Não é arte. É sobrevivência.
O caos nunca nos deixou.
Apenas aprendemos a fazê-lo cantar.

Rumo à verdade, não à performance.
Rumo à presença, não ao aplauso.

Arma

Até as balas se preparam
antes de atravessar um cano.

Uma arma dá.
Uma arma tira.

Dê o seu tiro.

Um gosto de destruição
tem a dose perfeita de ruptura.

Bolo Sem Cobertura

Vamos parar de nos gabar
do que compramos,
do que vimos.
Do que comemos, do que consumimos.

Vamos falar, em vez disso,
do que você criou,
escreveu, construiu,
qualquer coisa além
do malware ditando nossas vidas,
um produto comercial,
um álibi para um algoritmo.

Cheiramos informação como cocaína,
um barato construído sobre anúncios,
marketing direcionado,
releituras de reprises,
um processo fabricado
de falsa superioridade.

Uma vadia básica,
um cara básico,
um colete cinza estampado com
o logotipo de um banco.
Calças cáqui, malditas calças cáqui.
Calças como sacos de papel
seladas a vácuo em pernas magras.

Quando foi que nos tornamos
tão sem graça, tão previsíveis,
tão arrogantes diante do fato
de que somos entediantes?

A sofisticação apodreceu
nossa curiosidade.
Seguros demais, cautelosos demais,
cansados demais até para ligar.
Mas ninguém percebe.

Uma simulação para seguidores,
os adotantes do agora,
os trovadores da banalidade.

E não há cobertura no bolo deles.
É só bolo,
esponjoso, talvez,
úmido, nunca,
tão seco.

Encenado para que admiremos.

Se parece real,
deve ter gosto real.
Mas não tem.
É o vazio pelo qual vivemos.
Alguma fabricação equivocada,
espalhada pela nossa transmissão ao vivo.

Prefiro fazer meu próprio bolo,
do zero,
e comê-lo inteiro.

Você não faria o mesmo?

Esta Terra, Este Movimento

Através dos cabos elétricos do trem
a América se expõe.

Pântanos se misturam aos trilhos,
trabalhadores martelam parafusos,
olhos da classe trabalhadora se aprofundam, observando
enquanto passageiros passam velozes.

Há uma calma incomum nisso,
uma visão distante do caos cotidiano.
O tempo desacelera
enquanto o trem captura imagens para nós.

Carros compactos parecem joaninhas,
4x4 rastejam como besouros.
Cada vez mais perto,
nos aproximamos,
prontos para esmagá-los.
Mas isso nunca acontece.

O viaduto os salva mais uma vez.

Campos de futebol. Guindastes. Apartamentos fechados com tábuas.
Postos de gasolina abandonados. Quintais cheios de entulho.
Metal sobre sucata,
montanhas de areia,
campos cobertos de mato alto.
E olha, um avião.

Na próxima parada, pessoas se sentam nos bancos,
conversas de expectativa:
"Este é o trilho certo?"
"Será que perdi o trem?"
"Deve estar cinco minutos atrasado."

A vida espera.
A vida se move.
A vida acontece.

E enquanto viajo, eu observo
a rotina comum, pontilhada como carros em um estacionamento,
a mesma entrada,
a mesma saída,
um carimbo no bilhete,
mais um dia encerrado.
Um lembrete
para acreditar no amanhã.

E eu acredito.
Acredito na paisagem infinita construída sobre virtude.
Na ideia de que, se ainda não aconteceu,
pode acontecer.
E enquanto continuarmos em movimento,
pode acontecer.

Na beleza melancólica da possibilidade,
acredito em todos lá fora.
Acredito em suas esperanças e seus medos.

Acredito que esta terra é a nossa terra.

O coração não pode se proteger de ser tocado.

Império Resmungão

Nova York é uma besta,
mas é nossa para montar.

Uma cidade de tomadas brutais,
cospe nos seus olhos,
ataques inesperados que te deixam rasgado,
sangrando, vazio.

Largado à beira da exaustão,
ainda assim você quer mais.

As ruas estão cheias
daqueles que não conseguiram.
Anúncios gritam:
seu rosto poderia estar ali,
seu nome poderia ser chamado.

Você.
Você pode conseguir aqui.
Você pode conseguir em qualquer lugar.

E se isso não for aceitável,
caia fora.

Porque os Nova Iorquinos,
os batalhadores,
os que se movem, os que fazem acontecer,
os incansáveis em perseguição,
sabem que a cidade dorme
apenas para quem já venceu.

Eu sei que você está acordado.
Você sabe
que ainda não pode dormir.

A resistência do riacho
dura enquanto
seu sonho flui.

Rastejadores da Noite

Nos arredores da cidade,
das 2h às 5h da manhã,
a noite rasteja.

Às vezes eu caminho nesse horário,
fazendo uma pausa do que quer que eu esteja fazendo.
Nunca sei por que fico acordado tão tarde,
mas isso não vem ao caso.

Eu os vejo.
Não os mimados
derramando dinheiro em clubes,
provocando confusão.

Não.
Quero dizer os rastejadores da noite:
os varredores de rua,
os coletores de lixo,
as equipes do metrô.

Um grupo unido,
ligado por coletes neon,
sabão e espuma,
lixo mofado,
lampiões e olhos cansados.

Os rastejadores mantêm a cidade em movimento.
Nenhum agradecimento é necessário.
Mas quando eu caminho, tento encontrar seus olhares.
Eles encaram de volta, envergonhados no início,
embora não haja nada do que se envergonhar.
Como corredores que se cruzam,
faço um aceno.

A rua fumaça com o que poderia ser.
Então a manhã se levanta,
apagando o trabalho deles,
a cidade fingindo ser autossuficiente.

Todos seguem com o dia.
Nada a agradecer.
Nada a dizer.

Tudo exatamente como ontem.
Exatamente como os rastejadores fizeram.
Exatamente como a noite rasteja.

Ela é o vento,
impossível de controlar.

Deusa Burberry Eau de Parfum

Quando você encontra alguém que te deixa miserável,
que te mantém sem dormir e em carne viva,
ainda assim mais feliz do que você jamais foi,
você sabe que é raro.
Você sabe que não vai durar para sempre.
Mas ainda assim aposta.

Porque você já viveu com o aceitável,
e o aceitável é a morte.
Melhor doer,
melhor se desfazer,
do que se acomodar.
Eu não fiquei bravo
por ela me deixar beijar sua bochecha no metrô,
eu fiquei triste.
Porque ontem eram os lábios dela.
E eu nunca pensei que algo tão estúpido, tão trivial,
pudesse importar tanto.

Nenhum plano te prepara
para o fim,
para os menores momentos
que duram mais.
Caminhar com ela até o trem,
até mesmo beijar sua bochecha,
dizer adeus,
isso era um privilégio.

A força dela nunca vacilou,
construída a partir de cada cicatriz,
ela cresceu com cada fracasso.
Eu a invejava.
Ela era uma celebração,
o tipo de amor que te destrói.

A vida de um homem é destruída sem ela.
A vida de um homem é destruída com ela.
A vida de um homem é destruída pelo amor.

Uma vez,
eu sonhei com manhãs de café e ovos,
com caminhadas de outono com o cachorro,
com tardes que escorriam para a luz do inverno.
Olhares simples.
Mais um.
E outro.
E outro.

Mas o coração se parte.
Esse órgão teimoso,
dando vida ao corpo,
ainda assim desmorona sob o próprio vazio.
Nenhuma lógica explica isso.
Nenhuma certeza o salva.
Nada é garantido.
Tudo a perder.
Ela merece alguém grandioso.
Então agora eu preciso ser grandioso.

Mesmo que o fantasma dela permaneça,
a fragrância deixa um homem marcado.

Eu vou me lembrar dela pela Burberry.

Eles não acrescentam ao cálice da cultura.
Eles bebem dele, depois cospem crítica.
Consumismo, corrupção, atenção barata,
esse é o legado deles.

A Primeira Vez do Infinito

E nós mudamos.
É difícil aceitar,
não a mudança em si,
mas o impulso de acompanhar,
o desejo de segurar uma identidade.

Mas a identidade se reinventa.
Ela oscila com o clima,
com as pessoas,
com o lugar.

Ansiamos por consolo,
ainda assim estamos plantados no caos,
condenados pela virtude da cidade,
rígida como pedra.

Às vezes o desejo se torna real,
e o desespero racha o momento,
mais do que você consegue suportar.
O turbilhão de emoção engarrafado por tempo demais,
derramado,
transbordado,
assustando você com sua enxurrada.

Você não está acostumado a isso.
Não há o que fazer.
É a primeira vez,
até a próxima vez,
em que você toca o infinito.

Sopa de Letras

Ações contra anarquistas aniquilam ardores auspiciosos em torno da arrogância.

Negócios de striptease beneficiam burgueses que assopram balões.

Caos controla fendas ferinas.

Dublês deliberados destroem destinos definidos.

Excêntricos escavam elusões extravagantes.

Futilidades frívolas fracassam, fantasiosas formas forjam falsos, malditos fragmentos.

Gigantes grotescos gravitam grandiosamente rumo a túmulos rangentes.

Histeria esconde aliados vazios.

Inflame a ignorância dentro de idiotas inspiradores.

Justaposições jorrantes saltam justamente.

Ketchup afim mantém cozinhas afiadas.

Vidas perdidas espreitam.

Imbecis mesmerizam, erros tornam-se mais maliciosos, espelhando manifestações mínguas e errantes da mídia.

Ninharias negligenciam necessidades naturais, empurrando nômades para perto de neandertais.

Opressão ocorre quando opositores operam obstinadamente.

Pressões persistentes pressionam o pericárdio.

Questões excêntricas tremem rápido, questionando charlatães essenciais.

Rivais ricos raramente reconhecem repreensões razoáveis.

Soluções solúveis tropeçam severamente.

Tumulto caminha na ponta dos pés, tomando pensamentos terríveis.

Roupa íntima revela compreensão utópica universal.

Valiosos vexames violam vozes vulneráveis de forma vazia.

Feiticeiros cortejam mulheres miseráveis.

Xeroxiam xenófilos gentis.

Jovens desejosos tagarelam em amarelo.

Zoológicos zestosos ziguezagueiam zigotos.

Todas as pequenas formas que você procura
para economizar dinheiro
nunca valem o tempo que levam para serem encontradas.
Pague.
Pela.
Conveniência.

Eu Me Levanto

Corte-me ao meio.
Engane-me.
Faça-me tropeçar enquanto caminho.
Eu me levanto.

Anos de foco.
Anos de esforço.
Anos de fracasso.
Eu me levanto.

No meio da multidão.
Fora da multidão.
Sozinho com o silêncio.
Eu me levanto.

Questionado.
Questionando a mim mesmo.
Desorientado pela dúvida.
Eu me levanto.

Tão pesadas as pernas que me traem,
tão drenada a mente que se entorpece.
Eu sussurro, não consigo ficar de pé.

Deprimido.
Privado.
Mortificado.
Derrotado.

Eu me agacho, desabo, quase sem forças.
Mas me ergo.
Eu me levanto.

Reconstruir.
Reviver.
Ascender.

Eu devo me levantar.
Não porque me mandaram.
Não porque finjo fazê-lo.
Mas porque o espelho não deixa escolha.

Outros dizem sente-se.
Não.
Eu me levanto.

Porque eu ouso.
Porque a vida é minha.
Porque sentar não é nada.

Eu me levanto por mim.
Eu me levanto por você.
Eu me levanto.

Compreender o Tolo

As pessoas dizem que querem autoridade,
mas dê a elas o peso da escolha,
e elas se apoiam na permissão dos outros,
software, sistemas,
ou aqueles em posições de poder.

Negligenciar a responsabilidade
não é razão,
mesmo que outros chamem isso de recuo.

A maioria não consegue suportar ser vista como tola.
A culpa as aterroriza.
Elas se esquivam dela
como o relâmpago se esquiva do chão,
transferindo a falha mais rápido que o pensamento,
fingindo que gostariam que não tivesse acontecido.

Mas por dentro,
estão aliviadas.
Aliviadas por entregar a intenção.
Aliviadas por permanecer invisíveis.

É nessa rendição
que a maioria vive sem integridade,
deixando passar a chance
de se tornar algo,
tudo por puro medo
da própria vaidade,
uma fobia da exposição.

A covardia mais cruel.
Os fracos de coração,
temendo o próprio despertar.

Você tem fogo no coração,
ou fumaça na cabeça?

Não Deixamos Relíquias

Nenhuma relíquia foi lembrada por mera existência.
Nos tornamos truques e críticos—consumindo, consumindo,
consumindo.
Nos apegamos ao nosso próprio ponto de vista, mendigando no
espaço entre
o que achamos que nos representa,
mas que certamente não é quem realmente somos.

Desejamos tanto que as pessoas nos ouçam,
que digam que estamos certos,
mesmo quando confundimos o que
queremos de nós mesmos.

Nossa contenção não é força.
É obediência.
E por isso, esperamos recompensa.
Quando essa recompensa não chega, buscamos vingança—
por razões que já esquecemos,
razões que há muito roubaram nosso senso de identidade.

Nossa alma encontra o preço, o comentário, o like.
Nos tornamos versões reduzidas de nós mesmos,
decididamente vazios de umidade.
Erramos o que achávamos certo,
e secamos com uma falsa importância—
indignados de que o que é deve estar certo,
mesmo quando recaímos em teorias antigas
e lembramos do brilho da verdade.

Até essa verdade pode agitar um turbilhão de fatos,
cada um retrocedendo em direção ao presente essencial,
não com servidão, mas com medo antecipatório.
As peças da nossa vida alinhadas em uma ordem forçada
que recusa o caos.

Mas algum tipo de caos é pelo que devemos viver.

Como mais podemos abrir as ressalvas da mente
para algo novo, fresco, inexplorado,

não traído, desconhecido até pelas fibras mais básicas
de sangue, veias e um coração
ainda batendo pelo que quer que seja o que precisamos.

E não precisamos saber o que é isso.
Não precisamos saber.
Não precisamos disso.
Não precisamos de todas as coisas
que esperamos que espontaneamente façam algo acontecer.

Tudo o que precisamos é da mente para buscar—
para buscar mais crescimento,
para buscar mais experiência,
para buscar a liberdade imutável de maneiras despreocupadas
que um dia nos fizeram esperançosos—
não pelo futuro,
mas pelo agora.
Então.
E por tudo o que veio antes de nós.

Com um fluxo constante de desejo,
podemos ir tão longe a ponto de parecer inviáveis
para o resto do mundo.

Mas talvez esse seja o ponto.
Viver de forma tão vívida que não deixamos nenhuma relíquia—
apenas rumores.
Desaparecer não pelo fracasso,
mas por termos queimado tão intensamente que não há como
arquivar.

Porque o futuro não lembra o que simplesmente sobreviveu.
Ele só lembra o que ousou ser.

A vida seca
tão rápido quanto tinta numa parede,
e se move
tão lentamente quanto uma escada rolante.

Confundido com um Batimento Cardíaco

Parece suspeito
encontrar alguém
com um passado tão próximo do seu.

Impostores se impõem
sobre a vulnerabilidade crua da alma,
entrelaçados ao impulso da união.
Nada parece mais forte.

Pontos de pressão apertam
com determinação feroz.
Um grito passageiro
queima o espírito.

Ilusão varrida pelo vento
provoca a dor da solidão,
até que a onda se quebra,
girada por uma mente turbulenta,
confundida com um batimento cardíaco.

Uma tragédia viva,
ida outra vez,
de volta ao solitário.

Nunca mais.

Escreva Como o Inferno

Você escreve melhor
quando para de se censurar.

Então viva um pouco.
Estude a experiência.
Respeite seu ritmo.
Aperfeiçoe seu ofício.

E quando parar de parecer trabalho,
diga a porra que você quiser.

A Corneta Brutal

Quando o abandono da vida dedilha seu acorde,
tocamos a canção da brutalidade.
Nenhuma outra melodia serve.

Nossos filtros se dissipam;
a corneta do ressentimento soa.
O pardal do conflito canta.

Estamos infelizes com nós mesmos.
Estamos infelizes com os outros.
Estamos infelizes juntos.

Ainda assim cantamos em uníssono,
uma harmonia de zombaria,
um coro de sussurros pelas costas.

Porque nada fere mais
do que ver o próprio reflexo
e achá lo insuportável.

Companhia Jovem

Eu me cerco de companhia jovem
para esquecer da minha fragilidade.
Envelhecer não é algo que eu tema;
são os efeitos da idade que me preocupam.
Tenho medo de esquecer como é ser novo.
Então me cerco de companhia jovem.

Eles não ficam hipnotizados pela inquietação.
Há ambição dentro de suas almas.
Ainda não foram decepcionados o bastante para sentir culpa.
Existe uma comunidade inerte,
e eles flutuam com a mesma suavidade das nuvens no céu,
ao lado do azul vibrante,
fiapos brancos de pura inocência.

Estou chegando aos quarenta.
Meu cabelo afinou.
Droga, eu sei que logo vou perder tudo.
Minha barriga cresce mais rápido do que antes;
as ressacas duram mais de um dia;
ainda assim isso não passa pela cabeça da companhia jovem.

Mesmo que façam piada com a minha idade,
e mesmo que eu pareça o cara estranho
que precisa amadurecer,
eles sabem que é diferente.
Eles veem isso nos meus olhos,
a ilusão destemida de um homem que segue em frente,
recusando deixar que o mundo o alcance.

Quando vejo a mudança nos olhos deles,
geralmente quando menos espero,
quando a desistência vence a luta,
quando os uivadores param de uivar,
é aí que preciso encontrar uma nova companhia.
Não posso estar perto de mais nada.
Não posso.
Simplesmente não posso.

Sempre estarei perto dos jovens.
Eu vivo do fervor deles pelo caos.
Luto para ser mais calculado,
porque mesmo com minha sabedoria,
ainda me deixo levar pela indisciplina deles,
algo que a ingenuidade deles desculpa.
Às vezes, mesmo sabendo
que deveria seguir as regras da sociedade,
eu me engano, querendo sentir novamente
uma sensação de invencibilidade.

Eu me deixo acreditar.
Caso contrário, sobraria muito pouco.
Eu me tornaria como aquelas pessoas que olham para trás,
que decidem que aqueles tempos já passaram.
Nostálgicas.
Você não iria querer estar por perto se isso acontecesse.
Você não suportaria ver meus olhos mais tristes.

Então eu me apego.
A emoção da descoberta supera
alcançar o destino final.
E é por isso que me encontro
em companhia jovem.

A história nunca termina.

Inferno no Sangue Dela

Ultimamente não tenho estado apaixonado.

Talvez todo o meu amor tenha se esgotado.
Mulheres demais.
Não fico tão tomado quanto antes,
quando campos de fogo da luxúria ardiam na minha barriga.

Minha paixão agora parece superficial,
mais velha do que os anos em que eu a desperdiçava.
Sinto falta daquela imprudência.
Eu a daria de novo se pudesse.

Talvez eu esteja numa estação de espera.
A espera é um peso,
mas é a única forma de pesar as opções.

Os espaços entre os momentos
se transformam em memórias,
o que eu tive um dia,
o que perdi,
o que talvez encontre de novo.

Ainda me envolvo.
As garotas jovens são despreocupadas,
inferno em seu sangue,
mais fogosas que o próprio diabo no céu.

Mas isso não me excita da mesma forma.
Talvez porque eu já saiba
o que acontece com o tempo
com a colheita delas.

No começo, são como o espigas de milho na palha,
um branco-dourado que vai ficando amarelo,
vivo, radiante.

Depois de colhido, a energia se perde.
A rotina escorre para dentro.
O milho fica marrom,
quebradiço,
entediado.

É quando eu descarto.
Já não quero mais,
e elas também não.

Então eu espero.
A próxima estação chega,
queira eu ou não.

Eu sempre espero.

Algum Tipo de Caos

O verão tinha sido monótono.
Era tudo a mesma coisa de novo.
Então veio um encontro ao acaso.

Ela era mais jovem,
quinze anos abaixo de mim.
Mas eu era uma luva velha de catcher,
gasta, áspera,
pronta para mais um arremesso.

Eu precisava disso.
Ela precisava disso.
Não sabíamos até sentir.

Uma mente estagnada
sempre precisa de uma boa transa.

Sem isso,
o cérebro é só fiação solta,
eletricidade à espera de uma lâmpada.

Sempre procurando alguma coisa.
Sempre querendo ser ligado.

O peso da vida corre
em correntes de nostalgia.
Então quando surge uma faísca,
estoure a lâmpada,
é o ferro por dentro que buscamos,
não a iluminação.

Transamos.
Quebramos as regras.
Ela gritou por isso
de novo e de novo.
Essa é a dor do prazer.
Esse é o impulso da liberação.
Essa é a quebra do movimento.

Sexo, como drogas,
nos dá uma crise de identidade.

De vez em quando você precisa de alguma obscenidade.
O desejo carnal nos lembra da humanidade.
Uma mente aberta contra a corrente comum,
nos mostra a pessoa que somos... não somos.
E talvez isso signifique
que possamos ser outra pessoa.

Porque se você não se alimenta,
vai morrer de fome por
privação,
desprezo,
ou um pau morto.

Nós não morremos de fome.
Nós não nos defendemos.
Apenas fomos de novo.
Desta vez mais devagar.

O pau, rígido de consequência.
O engolir dela, rico, como um delta.
E a pedra deslizou
pela cascata da areia dela.
Era seda,
um escorregar de euforia.
E cada um de nós pulsou
um pouco mais,
um pouco mais quente,
um pouco mais brilhante,
até que a pedra
se desfez
em
lama.

Então ficamos ali,
pelas planícies.
Voltamos ao normal,
até pensarmos demais.
Mas por enquanto não pensamos.
Por que arruinar
algum tipo de caos?

A maioria das pessoas vai antes de olhar
e se pergunta por que bate.

Foto: Sasha Kay

O Autor

Joseph Adam Lee é um poeta e escritor Franco-Americano de Lewiston, Maine, onde a fumaça das fábricas e a luz do rio lhe ensinaram pela primeira vez o ritmo da poesia. Cada verso que ele escreve soa vivo, sem desculpas, elétrico de autoquestionamento. Seu trabalho se sustenta como o retrato de um homem lutando por sentido em uma era de performance.

Ele vive na cidade de Nova York.

Informações de Contato

Email: joe@therebelwithin.com
Website: www.josephadamlee.com
Instagram: @joseph.adam.lee

Cartas e Pacotes

Red Fox Runs Press
C/O Joseph Adam Lee
909 3rd Avenue
#127
New York, New York 10150

www.ingramcontent.com/pod-product-compliance
Lightning Source LLC
LaVergne TN
LVHW091134080826
845145LV00008B/2150

* 9 7 8 1 9 7 1 1 8 7 0 6 8 *